dtv

»Eines Tages, als ich an meinem Schreibtisch saß und zum Fenster hinausschaute, sah ich, daß sich auf der Fernsehantenne des gegenüberliegenden Hauses ein Adler niedergelassen hatte. Ich muß dazu sagen, daß ich in Zürich wohne ...« Wenig später finden Passanten auf einem belebten Platz ein mächtiges Hirschgeweih. Tage darauf trabt schon ein ganzes Rudel Hirsche durch die Stadt, und jemand ist ganz sicher, einen Wolf gesehen zu haben ... Unversehens bekommt die glatte Oberfläche des Alltags Risse in diesen neun Erzählungen. »Da beschreibt einer fast im Konversationsstil Ungeheuerliches, schildert meist in der Ich-Form Ereignisse des Schauderns und läßt sich durch nichts von seiner nüchternen Distanziertheit abbringen.« (Basler Zeitung)

Franz Hohler, am 1. März 1943 in Biel geboren, lebt als Kabarettist und Schriftsteller in Zürich. Er ist mit seinen Einmannprogrammen auf der Bühne und im Fernsehen berühmt geworden, hat Schallplatten aufgenommen, Theaterstücke, Gedichte und Erzählungen geschrieben und wurde mit zahlreichen Preisen ausgezeichnet.

Franz Hohler

Die Rückeroberung

Erzählungen

Deutscher Taschenbuch Verlag

Von Franz Hohler
sind im Deutschen Taschenbuch Verlag erschienen:
Der neue Berg (11833)
Die blaue Amsel (12558)
Die Steinflut (12735)
Der Riese und die Erdbeerkonfitüre (62021)

Ungekürzte Ausgabe
Januar 1995
4. Auflage September 2000
Deutscher Taschenbuch Verlag GmbH & Co. KG, München
www.dtv.de

Umschlagkonzept: Balk & Brumshagen
Umschlagbild: David Wells (Foto: Martha Cooper)
Satz: KCS GmbH, Buchholz/Hamburg
Druck und Bindung: C. H. Beck'sche Buchdruckerei,
Nördlingen
Gedruckt auf säurefreiem, chlorfrei gebleichtem Papier
Printed in Germany · ISBN 3-423-12008-8

Inhalt

Die Rückeroberung

Eines Tages, als ich an meinem Schreibtisch saß und zum Fenster hinausschaute, sah ich, daß sich auf der Fernsehantenne des gegenüberliegenden Hauses ein Adler niedergelassen hatte. Ich muß dazu sagen, daß ich in Zürich wohne und daß Adler bei uns nur in den Alpen vorkommen, am nächsten von hier vielleicht in den Bergen von Glarus, etwa fünfzig Kilometer von der Stadt entfernt. Trotzdem war ich sicher, daß dies ein Adler war, seine erstaunliche Größe, die herausfordernde Haltung des Kopfes wiesen mich an jenen ausgestopften Vitrinenvogel im Schulhaus meiner Jugend zurück, an dem wir auf dem Weg zur Turnhalle immer vorbeigehen mußten und der auf einem Kartontäfelchen mit »Steinadler« angeschrieben war. Es war für mich ganz klar, daß da drüben auf der Antenne des Nachbarhauses ein Steinadler saß. Vielleicht, dachte ich, ist er aus dem Zoo entkommen oder aus einer Volière, aber dann fiel mir ein, daß ja diesen Tieren meist die Flügel gestutzt werden, so daß sie nur noch ein paar armselige Hüpfer machen können. Und wenn er sich verirrt hat, dachte ich weiter, das kann doch einem Tier auch einmal passieren, doch ich hatte sofort das Gefühl, daß das dem Tier dort drüben nicht passieren konnte. Auch daß es sich einfach auf eines der Häuser setzte, kam mir merkwürdig vor. Vorher lebten wir einige Jahre auf dem Land, und da ärgerte ich mich immer, daß die Mäusebussarde, die ich hoch oben schweben sah, nie in unsern Garten kamen, um die Mäuse zu fressen, und ich hörte dann, daß Raubvögel die Nähe der Häuser scheuten; auch die Stange, die ich ihnen weit vom Haus weg hingestellt hatte, verschmähten sie, während Jahren hatte sich kein einziges Mal einer heruntergewagt, und nun saß auf dem gegenüberliegenden Dach, inmitten von andern Dächern, ein Steinadler und schaute, den Kopf leicht schräg, auf die Straße hinunter, wo ihn noch niemand bemerkt zu haben schien.

Ich beschloß, meine Frau zu rufen, und ging einen Stock tiefer, in die Familienwohnung, aber als wir zurückkamen, war der Adler verschwunden. Hoch über dem Hotel International, das von meinem Fenster aus sichtbar ist, glaubte ich ihn kreisen zu sehen, aber meine Frau hatte recht, wenn sie sagte, das könne ebensogut ein Bussard sein oder sogar eine Möwe.

Als er ein paar Wochen später zurückkam, war ein zweiter Adler mit ihm, und zusammen begannen sie nun auf dem Nachbarhaus ein Nest zu bauen, zwischen dem Antennensockel und dem Kamin, an welchen sich eine kleine Kuppel anschließt, an der geborgensten Stelle des Daches. Die Nachbarn, die nicht wußten, wie sie sich verhalten sollten, ließen sie vorerst gewähren, und innert kurzer Zeit war ein Horst entstanden, in dem nun dauernd einer der beiden Adler saß, während der andere Jagd auf Mäuse, Eichhörnchen und kleine Katzen machte.

Natürlich erregten die Vögel ziemliches Aufsehen, um so mehr als sie nicht die einzigen blieben. Aus der ganzen Stadt trafen Meldungen von neu angelegten Adlernestern ein, der ornithologische Verein erstellte ein Verzeichnis, das er laufend nachführte, die Biologen beschäftigten sich mit der plötzlichen Veränderung in den Gewohnheiten dieser seltenen Tiere und fanden keine Erklärung dafür. So schnell, sagten sie, wechsle in der Tierwelt normalerweise kein Lebewesen seine angestammte Umgebung. Die Leute wurden ermahnt, zu ihren kleineren Haustieren gut Sorge zu tragen, Hunde wenn möglich an die Leine zu nehmen und Meerschweinchen und Kaninchen nicht in offenen Gehegen herumlaufen zu lassen. Im übrigen beschloß man aber von seiten der Stadtbehörden, die Adler zu tolerieren, da es sich zeigte, daß sie sich nicht zuletzt auch von Ratten ernährten, von denen es in unserer Stadt mehr als genug gibt.

Schon hatte man sich daran gewöhnt, daß auf der Straße plötzlich ein Adler neben einem zu Boden gehen konnte, um eine streunende Katze zu Tode zu beißen, als ein neuer Vorfall die Leute beunruhigte.

An einer Ampel am Bellevue, das ist einer der verkehrsreichsten Plätze Zürichs, wurde eines Morgens ein Hirschgeweih gefunden. Dieses Hirschgeweih, da war kaum ein Zweifel möglich, war in derselben Nacht abgestoßen worden, und es war nicht irgendein Hirschgeweih, sondern eines mit vierundzwanzig Enden. Eine Nachfrage bei den schweizerischen Wildhütern ergab, daß der größte bekannte Hirsch im Bann Beverin lebte und ein Zweiundzwanzigender war. Der Bann Beverin liegt im Kanton Graubünden, und die Hirsche gehören bei uns zu den Tieren, die sich im Lauf dieses Jahrhunderts fast gänzlich aus dem Mittelland zurückgezogen haben. Da aber niemand diesen Hirsch beim Abstoßen beobachtet hatte und er auch in den nächsten Tagen und Wochen nirgends gesehen wurde, weder in der Stadt noch in den paar Wäldern der Umgebung, nahm man zuletzt an, das Geweih sei von jemandem dort hingelegt worden, der es kurz zuvor irgendwo in den Bergen gefunden haben mußte und offenbar nicht über dessen hohen Wert im Bilde war.

Deshalb rechnete auch niemand mit dem, was etwa drei Monate später, an einem der ersten Sommertage geschah. Ein Morgenspaziergänger rief um 4 Uhr früh bei der Polizei an, in der Parkanlage beim Bürkliplatz hielten sich eine Anzahl Hirsche auf und versperrten die Fußwege. Zwei ausrückende Polizisten fanden diese Angabe bestätigt und lösten einen Großalarm aus, denn sie sahen, daß sich nicht nur einzelne Hirsche zwischen den Büschen bewegten, sondern daß es sich um eine ganze Herde handeln mußte, deren genaue Größe schwer auszumachen war, sie konnte aber ohne weiteres in die Hunderte gehen. Die Parkanlage wird auf der einen Seite durch das Seeufer begrenzt, auf der andern durch zwei breite Straßen, und so entschloß sich die Polizei nach Rücksprache mit dem Zoodirektor, den Park abzusperren, um dann die Tiere einzeln einzufangen oder abzuschießen. In aller Eile wurden große Rollen elektrischer Drähte herbeigeschafft, wie man sie zum Einzäunen von Kuhweiden braucht, und als gegen 7 Uhr der Morgenverkehr anzurollen begann, war die gesamte Parkanlage mehrfach mit geladenen Drähten vor den Hirschen gesichert, welche in größter Ruhe, mit gleichmäßig mampfendem Geräusch, Rasen, Blumenbeete und Bäume abfraßen. Während man sich das weitere Vorgehen überlegte, stieß gegenüber vom Kongreßhaus ein riesiges Tier mit seinem Geweih die Drähte hoch und zerriß sie mit einem Ruck, ohne dabei den geringsten Schaden zu nehmen. Dieses Tier war der Vierundzwanzigender, der nun an der Spitze der ganzen

Herde auf die Straße hinaustrabte, dem Bellevue entgegen.

Niemand wußte, wie man diesen Hirschen beikommen konnte. Scharfschützen waren aufgeboten, Wildhüter und Jagdaufseher kamen dazu, aber inmitten der dichtbelebten Straßen war an ein Abschießen gar nicht zu denken, und die Herde hielt sich nur an dichtbelebte Straßen, sie überquerte, von Fahrzeugen der Polizei gefolgt, das Bellevue und ging nachher gemächlich den Limmatquai hinab.

Die Verwirrung war groß. Die Tramwagen stauten sich, ohne daß sich die Passagiere getrauten, auszusteigen, die Automobilisten versuchten ihre Wagen auf das Trottoir zu steuern, einige ließen angesichts der nahenden Herde ihr Auto mitten auf der Straße stehen und flüchteten in einen Hauseingang, andere kurbelten ihre Scheiben hoch und blieben sitzen, sie verschwanden in den Tieren wie ein Stein in den Fluten. Eine eigenartige Stille begleitete den ganzen Zug. Überall wurden die Motoren abgeschaltet, und man hörte nur das Schleifen und Scharren der vielen hundert Hufe auf dem Asphalt, ab und zu splitterte eine Scheibe, oder Autokarosserien wurden angekratzt, doch die Leute verhielten sich mucksmäuschenstill. Polizisten eilten zu Fuß der Herde voraus und versuchten die Leute vorzuwarnen, vom Einsatz von Lautsprechern sah man nach dem Rat des Zoodirektors ab, um durch den Lärm keine Panik unter den Hirschen zu verursachen, denn ein Durchbrechen der Herde war das, was man am meisten fürchtete. Die Erwartung, daß sich die Hirsche wieder einen Weg aus der Stadt heraus suchen würden, um in irgendeinen der umliegenden Wälder zu gelangen, erwies sich als falsch, die Route, welche die Tiere wählten, sah viel eher nach einer Stadtbesichtigung aus. Beim Central bogen sie abrupt nach rechts ins Niederdorf ein, welches sie beim Predigerplatz wieder verließen, um sich, nachdem sie das wenige Grün beim Pfauen abgefressen hatten, erneut nach rechts zu wenden, die Rämistraße hinunter, zum zweitenmal das Bellevue überquerten und sich dann nicht dem Üetliberg zu bewegten, wie alle hofften, sondern bei den Stadthausanlagen nach rechts in die Bahnhofstraße einschwenkten. Am Paradeplatz verriegelten die Großbanken ihre Portale, die Bijoutiers und Pelzhändler ließen die Rollläden über ihre Türen rasseln und blickten angstvoll aus den Schaufenstern auf die braunen Leiber, die sich unaufhaltsam vorbeidrängten und die Straße in ihrer ganzen Breite ausfüllten. Bereits hatte man mit der Abschrankung der Bahnhofunterführungen begonnen und das große Sperrgitter des Hauptbahnhofs gezogen, als die Herde beim Modissa-Haus überraschend nach rechts abbog, der Rudolf-Brun-Brücke zu. Wenig später – die ersten Tiere waren gerade unter der Brücke bei der Hauptwache durch – setzte ein Platzregen von großer Stärke ein, der die Herde mit einemmal zum Stehen brachte.

Der Vierundzwanzigender, welcher ständig die Spitze der Herde innehielt, hob den Kopf in die Höhe, schaute sich um und strebte dann in leichtem Trab dem Parkhaus Urania zu, wohin ihm alle andern Tiere folgten. Das war eine unerwartet günstige Entwicklung. Sobald die Hirsche drinnen waren, wurden Ein- und Ausfahrt der Parkgarage mit Lastwagen verbarrikadiert, so daß die Herde gefangen war.

Der Entscheid, zu schießen, wurde sehr rasch

getroffen. Über die Lautsprecheranlage wurden die gerade im Parkhaus befindlichen Leute aufgefordert, unbedingt in ihren Wagen zu bleiben und dem Ein- und Ausgangstor fernzubleiben, etwas, das übrigens, den gegen außen dringenden Schreien nach, nicht allen gelang, und nun postierte man schräg gegenüber der Ein- und Ausfahrt mehrere Polizeisoldaten mit Maschinengewehren, die durch die besten Scharfschützen des städtischen Korps verstärkt wurden. Man wartete das Ende des Regens ab, dann fuhren die Lastwagen von den Toren weg, und eine Knallbombe wurde ins Parkhaus hineingeworfen. Die Detonation tat ihre Wirkung. Mit einem mächtigen Sprung setzte der Vierundzwanzigender aus dem dritten Stock des offenen Rundaufgangs hinaus, und die ganze Herde folgte ihm in so kurzer Zeit, daß es den sofort ihren Standort wechselnden Scharfschützen nur gelang, den einen oder andern Hirsch abzuschießen, aber ein Maschinengewehreinsatz kam wegen der in die Schußlinie geratenden Häuser am Lindenhof nicht in Frage. Eine einzige Hirschkuh verirrte sich in den unteren Ausgang und wurde von einer zornigen Garbe erfaßt, zugleich mit der Tanksäule, so daß sich das Blut des erlegten Tieres mit dem auslaufenden Öl zu einer rotbraunen Lache vereinigte.

Wie nach einem Plan löste sich nun aber die Herde auf und zog in Grüppchen von drei oder zwei Hirschen durch die ganze Stadt, viele Hirsche waren auch allein unterwegs. Die Bilanz dieses Morgens war nicht gut. Erschossen worden waren nur elf Tiere, die Gesamtzahl schätzte man auf mindestens dreißigmal so viel; zudem waren vier Personen im Parkhaus verletzt worden, eine davon, eine Frau, welche von den Hirschen zertrampelt worden war, lebensgefährlich.

Da die Hirsche die Stadt nicht mehr verließen, oder wenn sie es einmal taten, nach kurzer Zeit wieder zurückkehrten, wurde nun eine Spezialeinheit der Polizei zur Hirschbekämpfung gebildet. Das war eine äußerst heikle Aufgabe, vor allem weil der Gebrauch der Schußwaffe selten ohne Gefährdung von Menschen möglich war. Man schickte deshalb einige Männer nach Amerika, wo sie von Cowboys im Lassowerfen ausgebildet wurden. Aber auch ihnen gelang es nicht, die Hirsche aus der Stadt zu vertreiben. Man gewöhnte sich einfach an das Bild eines durch eine Einbahnstraße preschenden Hirsches, der zu Pferd von einem lassoschwingenden Polizisten verfolgt wurde.

Das hat auch etwas Schönes, gewiß, und auf eine Art ist es eine Bereicherung des Stadtlebens, aber irgendwie ist mit diesen Tieren auch der Schrecken wieder eingezogen. Das Schreien einer Katze zum Beispiel, die sich gegen den tödlichen Zugriff eines Adlers wehrt, ist fast nicht auszuhalten. Wer an einem Herbstmorgen von den tiefen und unnachgiebigen Brunstrufen der Hirsche aus dem Schlaf gerissen wird, welche von den Häuserfronten wie von Felswänden widerhallen, der bleibt wach für diesen Tag, und wo immer in der Stadt zwei Hirsche aufeinander losstürzen und sich mit krachenden Geweihen ineinander verkeilen, ist die Straße augenblicklich leer.

Jedenfalls hielten sich Adler und Hirsche bis zum Herbst, und als der Winter kam, blieben sie erst recht, sie zogen sogar neue Gäste nach sich.

Beim Hirsch, der an einem nebligen Vormittag in der Mitte des Hardturmstadions gefunden wurde und von dem außer Haut und Knochen nur noch die blutigen Innereien dalagen und den Schnee ringsum rot färbten, dachte man zuerst, er sei von Hunden angefallen worden, aber als der Kantonstierarzt die Spuren sah, wurde er unsicher und ließ einige Biologen kommen. Gemeinsam studierten sie nun den Schauplatz und gaben dann ihren Bescheid bekannt. Diese Spur, sagte der Kantonstierarzt, während das Biologenteam hinter ihm düster zu Boden blickte, stammt vom Wolf, und wir haben es hier nicht mit einem einzelnen Wolf zu tun, sondern mit einem ganzen Rudel.

Es dauerte eine Weile, bis zum erstenmal ein Wolf gesehen wurde, lange Zeit traf man immer nur ihre Spuren an. Offenbar hatten sie es auf die Hirsche abgesehen, denn der Hirsch vom Hardturmstadion blieb nicht der einzige, etwa alle zwei bis drei Tage fand man irgendwo in der Stadt ein ähnlich zugerichtetes Tier. Die ersten, die dann die Wölfe zu Gesicht bekamen, waren die Kinder aus der Schulklasse meines achtjährigen Buben. Als sie an einem Morgen in der Turnstunde am Waldrand des Käferbergs schlittelten, waren die Wölfe plötzlich da und stürzten sich auf den hintersten der Gruppe, den Sohn eines Jugoslawen. Er habe nur einmal geschrien, sagte die Lehrerin, die vor Entsetzen außer sich war, anscheinend hatten ihm die Wölfe gleich die Halsschlagader durchgebissen. Als die Polizei eintraf, konnte sie nur noch der Blutspur folgen, die zur Nähe des Waldweihers führte. Dort lag das, was die Wölfe von Ilja übriggelassen hatten, die Wölfe selbst aber waren verschwunden und konnten auch von den eingesetzten Hunden nicht aufgetrieben werden, ihre Fährte verlor sich beim Friedhof Nordheim.

Von nun an herrschte in Zürich der Ausnahmezustand. Nicht, daß er ausgerufen worden wäre, aber er war da. Die Schulen begannen zusammen mit den Eltern den Schulweg der Kinder so zu organisieren, daß immer gruppenweise in Begleitung von Erwachsenen gegangen wurde, den wehrpflichtigen Männern wurde auch gestattet, mit entsichertem Sturmgewehr die Kindergruppen zu begleiten. Mein Sohn war zutiefst verstört durch das Ereignis, das seine Klasse getroffen hatte, er beruhigte sich erst etwas, als ich ihm ein großes Pfadfindermesser kaufte, das ich ihm bislang verweigert hatte, weil es mir zu gefährlich schien. Dieses Messer gürtete er sich nun immer um, wenn er mit den andern Kindern zur Schule ging, wo übrigens eine Stellvertreterin unterrichtete, denn die Lehrerin hatte einen solchen Schock erlitten, daß sie wochenlang vor keine Klasse mehr treten konnte.

Die Behörden unternahmen jetzt große Anstrengungen, um dieses sonderbare Geschehen in den Griff zu bekommen. Daß jedes Jahr ein paar Kinder unter den Autos starben, daran hatte man sich gewöhnt, das war eben ein möglicher Tod in der Stadt, aber daß Kinder von Wölfen zerrissen werden, das sollte nicht vorkommen, nicht in einer Stadt wie Zürich. Die Bevölkerung wurde aufgefordert, Vorschläge zu machen, die von einem Krisenstab geprüft wurden, man gab für Inhaber eines Jagdpatentes sämtliche Wölfe zum Abschuß frei, und auch die Adler und Hirsche, denn man hatte eingesehen, daß diese Erscheinungen alle zusammenhingen, man appellierte zugleich an die Schützen, nur dann zu schießen, wenn mit Sicherheit kein Menschenleben gefährdet wurde. Daraufhin besserte sich die Situation etwas. In kurzer Zeit wurden mehr Tiere erlegt, als die Spezialeinheiten bisher zur Strecke gebracht hatten, und auch was man nicht zu hoffen gewagt hatte, trat ziemlich rasch ein. Es gelang nämlich, das Wolfsrudel in eine Falle zu locken. Man hatte einen verwundeten Hirsch in eine Sackgasse im Friesenbergquartier gestellt, wo man ihn mit genügend Futter zurückhalten konnte, und tatsächlich erschien gegen Morgen das ganze Rudel Wölfe und machte sich über ihn her, so daß die Maschinengewehrschützen, die der Straße entlang in den oberen Stockwerken der Reihenhäuser Stellung bezogen hatten, die Tiere ohne Mühe erschießen konnten, 33 Wölfe waren es, die innerhalb einer knappen Minute mit aufgerissenen Schnauzen am Boden lagen. Zürich atmete auf, der Forstbeamte, der diese Idee gehabt hatte, erhielt Hunderte von Telegrammen und Anrufen mit Gratulationen, am Abend war die Stadt in festlicher Stimmung, es gab Freinacht, und in vielen Restaurants wurde gratis Bier ausgeschenkt.

Am andern Morgen mußte der Flughafen gesperrt werden, weil auf der Kreuzung zwischen der Start- und der Landepiste ein halb aufgefressener Hirsch lag. Die Untersuchung ergab: es waren Wölfe.

Von da an begann man sich langsam darauf einzurichten, daß man diese Tiere möglicherweise nicht loswerden konnte, sondern irgendwie mit ihnen leben mußte. Wo sie herkamen, wußte man nicht, sie wurden nirgends vermißt, und es wurde auch keine andere Stadt von ihnen heimgesucht, weder in der Schweiz noch sonstwo in Europa, Zürich war ganz allein betroffen, und niemand wußte warum.

Der erste Bär tauchte gegen das Frühjahr auf. Er lief durch die Bahnhofunterführung, welcher man den

Namen Shopville gegeben hat, kippte alle Abfallkübel mit einem Prankenschlag um und durchschnupperte sie nach Eßbarem. Die Leute flohen die Rolltreppen hoch oder drückten sich in die Eingänge der Geschäfte, und der Bär bediente sich ausgiebig an den Auslagen eines großen Comestiblesladens. Ein Angehöriger des Bahnhofbetriebsschutzes erschoß ihn von hinten, während er nach einer Melone griff, fast erstaunt sackte das Tier zu Boden und überrollte sich einmal, bevor es auf dem Bauch liegenblieb wie ein Bettvorleger.

Kurz danach hörte man, daß ein Bär im Engetunnel den Verkehr zum Stehen gebracht hatte und sich nachher sihlaufwärts davongemacht habe. So mußten wir uns, nachdem der letzte Bär vor mindestens siebzig Jahren im Engadin gejagt wurde, wieder mit dem Leben der Bären beschäftigen und uns darauf gefaßt machen, mitten in der Stadt einen anzutreffen. Sie waren weniger gefährlich als die Wölfe, traten auch nie in Rudeln auf, sondern trotteten meist als Einzelgänger durch die Straßen. Trotzdem war Vorsicht geboten, vor allem mit kleinen Kindern, und auch die Bären wurden sofort zum Abschuß freigegeben. Auszurotten waren sie aber ebenfalls nicht.

Ihr Erscheinen wurde im ganzen recht gelassen hingenommen, eine eigentliche Panik ging erst durch die Stadtbevölkerung, als auf dem Stauffacher ein älterer Mann beim Griff in einen Zeitungsständer von einer Kreuzotter in die Hand gebissen wurde und trotz sofortiger Behandlung am gleichen Tag starb. In derselben Woche kam es mehrmals vor, daß aus den Schließfächern am Bahnhof Giftschlangen hervorschossen und Leute zu beißen versuchten, die ihr

Gepäck herausnehmen wollten. Aus dem Industriequartier hörte man von einer Italienerin, welche beim Öffnen des Brotbehälters eine Viper vorgefunden habe und beim Versuch, diese mit der Bratenschaufel zu töten, von ihr gebissen worden sei. Fast jedermann begann nun, unters Bett zu schauen, bevor er schlafen ging, wir schlugen auch immer zuerst die Bettdecke ganz auf, weil wir die Warnung gehört hatten, daß Schlangen warme Plätzchen bevorzugten. Im Kindergarten meines fünfjährigen Buben wurde eine Würfelnatter in der Spieltruhe gefunden, die vom Abwart sofort totgeschlagen wurde. Es stellte sich zwar nachher heraus, daß sie nicht giftig gewesen wäre, aber wir überlegten uns nun doch zum erstenmal, ob wir die Kinder nicht zu meinem Bruder nach Olten bringen sollten. Viele Eltern nahmen ihre Kinder aus der Schule und brachten sie woanders hin, es zogen auch etliche Familien ganz weg, die Wohnungen in den umliegenden Städten wurden knapper als sie schon waren, und außerordentlich belegt waren bereits im April die Zeltplätze des ganzen Mittellandes.

Wir entschlossen uns dennoch zu bleiben, ich hörte zu dieser Zeit, daß der in der Schweiz bisher noch nie gesichtete Schlangenadler aufgetaucht sei, ein Raubvogel, der sich ausschließlich von Schlangen ernährt, und hoffte, daß er für einen Rückgang dieser neuen Bedrohung sorgen würde. Davon war aber nichts zu spüren, und es zeigte sich, daß bereits eine weitere Bedrohung über der Stadt lag, gegen die man noch machtloser war. Sie sah zuerst harmlos, fast erfreulich aus, aber bald wurde klar, daß gerade sie das eigentliche Ende bedeuten konnte.

Diese Bedrohung ging von den Pflanzen aus, und

zwar vor allem von zwei Arten. Die erste Art war das Efeu, das plötzlich unheimlich schnell zu wachsen anfing. In einer einzigen Nacht konnte es aus einem Garten bis in die Straßenmitte vordringen, und wenn es am Morgen geschnitten wurde, war es am Abend schon wieder an den Trottoirrändern. Mit äußerster Mühe konnte zunächst durch tägliche Pflege verhindert werden, daß es sich auch an Glas- und Betonbauten festkrallte, die Verwaltungsgebäude der großen Firmen, die Hotels, die Banken, die Warenhäuser, alle mußten Leute einstellen, die nichts anderes zu tun hatten, als den ganzen Tag Efeu zu schneiden, und im Gefolge des Efeus vermehrten sich auch die andern schlingenden Pflanzen, weißer Knöterich, Clematis, Glyzinien und andere Zierparasiten begannen sich mit dem Efeu zu vermischen und nahmen gemeinsam den Kampf gegen Straßen, Häuser und Unterführungen auf.

Gleichzeitig entwickelte sich eine zweite Art von Pflanzen zu nie gesehener Größe, und zwar war das alles, was sonst im Sumpf gedeiht, ich weiß nicht, ob Sie Eselshuf kennen, man sagt auch Pestwurz, diese etwas fleischige Pflanze mit den riesigen Blättern, die sonst in den Bergen entlang von Bächen oder in feuchten Runsen anzutreffen ist, diese Eselshufe sprossen plötzlich aus jedem Rasen, und die Blätter wurden so groß, daß sie ein parkiertes Auto zuzudecken vermochten, Schachtelhalme erreichten Höhen von Birken, und Farne beugten sich von einer Straßenseite auf die andere, aber so, daß man ohne weiteres noch unten durchgehen konnte. Diese Pflanzen waren bei all ihrer Biegsamkeit so stark, daß sie den andern Pflanzen die Substanz wegzehrten, und in kurzer Zeit verdorrten standhafte Bäume und fingen an, bei Windstößen umzuknicken, so daß heute die Einwohner bei jedem Wetterwechsel in den Häusern bleiben. Wir gehen überhaupt nur noch hinaus, wenn es sein muß, denn man kann sich denken, daß diese Vegetation für Wölfe, Schlangen, Bären und Hirsche förderlicher ist als für den Menschen, und jetzt, da schon viele Straßen stillgelegt sind, weil sie vollständig überwachsen sind und sich die Leute mit Brotmessern und Gerteln einen Pfad heraussäbeln müssen, kann man sich auch viel weniger darauf verlassen, noch gerettet zu werden, wenn man von einem wilden Tier angefallen wird. Deshalb beginnen wir immer mehr, uns selbst zu helfen und auf eigene Faust zu leben, es dauert oft tagelang, bis man wieder etwas von den Behörden vernimmt oder auf eine Polizeistreife trifft. Gleichzeitig mit einem neuen Gefühl für Nachbarschaft, das entsteht, weil alle dringend aufeinander angewiesen sind, entsteht eine neue Form von Räuberei und Freibeutertum, weil kaum noch eine übergeordnete Organisation für ein zuverlässiges Lebensgefüge sorgen kann, die Leute beginnen sich zu mißtrauen, und es kommt vor, daß Menschen, die sich in einem fremden Quartier durch einen Efeupfad kämpfen, von Begleitern eines Kinderzuges abgeschossen werden.

Jetzt geht es gegen den Herbst zu, und niemand weiß, wie es weitergehen soll. Von den wenigen Zügen, die auf den mittleren Geleisen des Hauptbahnhofs noch verkehren können, sind die abfahrenden stets vollbesetzt, die Gepäckwagen überquellen von Koffern und zugeschnürten Säcken, während mit den einfahrenden Zügen kaum noch jemand ankommt. An den Autobahnen werden nur noch diejenigen

Zufahrten freigehalten, die zur Stadt hinausführen, die Einfahrten sind längstens unter metertiefem Grün begraben.

Allgemein erhofft man sich mit dem Verwelken der Pflanzen einen Rückgang ihres Wachstums und plant eine große Abholzungs- und Ausrottungsaktion, an deren Erfolg ich aber zweifle. Von Anfang an erwiesen sich die in fast nicht mehr verantwortbaren Mengen eingesetzten Herbizide als wirkungslos, Efeu bleibt auch im Winter grün, und bereits ist festzustellen, daß der Stengel der Schachtelhalme nicht mehr weich und knickbar ist, sondern mehr und mehr den Charakter einer Baumrinde annimmt. Überhaupt ist fraglich, wie sich der Winter anlassen wird. Schon der vergangene brachte ungewöhnlich große Schneemassen, und mein Heizöltank ist nur noch zu einem Viertel gefüllt, weil der Tankwagen auf unserer Straße nicht mehr durchkommt, jedenfalls habe ich unseren Birnbaum, der neben einem Riesenfarn zusammenstürzte, zersägt und bin bereit, die kalten Tage mit der Familie in meinem Arbeitszimmer zu verbringen, wo der einzige Holzofen des Hauses steht.

Wenn ich zum Fenster dieses Arbeitszimmers hinausschaue, sehe ich zwischen den Spitzen der Schachtelhalme hindurch immer noch die Steinadler auf dem Nachbardach abfliegen und ankommen und ihren arg krähenden Jungen irgendein noch halb zuckendes Fleischstück zerkleinern und in die Schnäbel drücken, während das Hotel International wie ein gewaltiger alter Baumstrunk am Horizont steht, gänzlich von Efeu umklammert, aus dem sich blau und weiß Clematis- und Knöterichblüten herausheben, neuerdings sind auch Kapuzinerchen dazugekommen, deren gelbe und rote Blüten man schon bis in den zehnten Stock hinauf verfolgen kann.

Es ist auch ruhig geworden vor meinem Fenster, die Baustelle für den neuen Migros-Markt ist verlassen, der Kranarm bewegt sich wie eine Riesenblume im Wind, die Trams haben ihren Betrieb abgebrochen, die nächste noch befahrbare Autostraße liegt beim Hallenbad draußen, das Haus gegenüber ist leer, und ich sitze da und denke darüber nach, ob es jetzt noch einen Sinn hat, die Stadt zu verlassen, oder ob das alles nur der Anfang von etwas ist, das sich von hier aus uneindämmbar ausbreiten wird.

Walther von der Vogelweide

Der Mann, dem wir auf den nächsten Seiten unsere Aufmerksamkeit zuwenden wollen, erwachte an diesem Morgen früh und unausgeruht in einem Hotelzimmer in Bozen. Er war Cellist eines Streichquartetts, das am Abend zuvor in dieser Stadt ein Konzert gegeben hatte. Um 10.04 Uhr sollten sie mit dem TEE-Zug nach Innsbruck fahren. Als er die Armbanduhr vom Nachttischchen hob, seufzte er. Zwanzig vor sieben, und kaum Aussicht, wieder einzuschlafen. Es war immer dasselbe auf den Konzertreisen, man bekam zu wenig Schlaf. Es gab keine leisen Hotels, entweder war es der Straßenlärm oder das Badewasser des oberen Stockes oder der Schlüssel eines fremdländischen Zimmermädchens; jedenfalls geriet man nach ein paar Tagen mit Schlafen in einen unaufholbaren Rückstand.

Heute aber, als er die Vorhänge zur Seite schob und die Stadt im Morgendunst daliegen sah, mit ihren Kirchtürmen und Dächern vor den steilen Wäldern, da hatte er Lust, aufzustehen und einen Spaziergang zu machen. Seine Morgenmüdigkeit war sofort verschwunden, er öffnete das Fenster und machte eine ganz kleine Abfolge von Gymnastikübungen, die er sich täglich abverlangte, um seine Knochen knacken zu hören, dann duschte er sich, indem er die kleine Badeschaumpackung, welche auf dem Seifenhalter bereitlag, mit den Zähnen aufbiß, zog sich nachher an, ging in den Frühstücksraum hinunter, der noch fast leer war, bis auf zwei italienische Geschäftsleute, die nur Kaffee tranken und rauchten, und frühstückte ohne besonderen Appetit und ohne besondere Ruhe. Seine Kollegen waren noch nicht da, und er wollte möglichst rasch auf seinen Stadtbummel. Er hatte mehr als zwei Stunden Zeit und freute sich darüber. Am Nachmittag des vorigen Tages war er nach der Probe noch ein bißchen durch die Stadt geschlendert und hatte sich außerordentlich angezogen gefühlt von diesen eigenartigen Gassen, von den Marktständen, an denen bald auf deutsch, bald auf italienisch verhandelt wurde, vom Fischladen, vor welchem im Freien zwei Marmortische standen, auf denen die Fische zerlegt wurden, als brächte man auf einem Altar ein Opfer dar, von den Häusern auch, zu denen manchmal Treppen hinaufführten, zu engen, gotischen Haustüren, die für bucklige Pförtner gemacht waren, von all den Erkern, oder von den Hausglocken, deren Züge außen am Haus bis vors oberste Fenster gingen, und Apotheken gabs, deren Verkaufsräume sich in unendliche Gewölbe zu verlängern schienen, mit Töpfen und Dosen, die in alter, verschnörkelter Schrift angeschrieben waren, überhaupt die Aufschriften, das Gemisch von Fleischhauer, Salumeria, Selcher, Pasticceria, Trafik und Sali e Tabacchi faszinierte ihn, so viele Sprachen man spreche, so viele Herzen habe man, hatte er einmal auf einem Abreißkalender gelesen, diese Stadt hatte also einen doppelten Herzschlag. Zugleich war sie irgendwie träger, man hatte das Gefühl, als seien die Häuser alle tief in den Boden gebaut, als sei die Erdanziehungskraft hier stärker als anderswo.

Er trat also hinaus, der Cellist, aus der Halle des Hotels Alpi, dessen Glastür er zuerst aufziehen statt aufstoßen wollte, und stand mitten im Morgenlärm, dem Geknatter von Kleinmotorrädern und Lieferwagen, das sich mit dem 7-Uhr-Läuten mehrerer Kirchtürme vermischte. Es war schwer, sich vorzustellen, daß auch nur ein einziger Bewohner dieser Stadt noch schlafen konnte.

Er folgte zuerst dem Sog der Einbahnstraße, die vor dem Hotel durchführte, ging dann, als diese nach rechts zum großen Busbahnhof abbog, geradeaus weiter und stand auf dem Platz, der den Namen Walther-Platz trug, mit diesem betonten th, das wie eine Falle für italienische Zungen in der Mitte des Wortes lauerte. Das Zentrum des Platzes bildete ein Baugehege, hinter dem ein mit Brettern verkleideter Sockel stand, neben dem Sockel sah man einen weiteren Bretterverschlag, aus dem oben ein traurig geneigter Marmorkopf herausschaute.

Auf der einen Seite wurde der Platz durch eine Kirche begrenzt, deren Turm eingerüstet war. Am Fuß des Gerüstes las man auf Kopfhöhe SPENDET FÜR DEN KIRCHTURM.

Die andere Seite, auf die der Cellist jetzt zuging, bestand aus einer Häuserfront mit Arkaden, die eigentlich den Eingang zur Altstadt bildete, und der Cellist bog in das erste Gäßchen ein, das ins Dunkel der Stadt hineinführte. Er war noch nicht lange gegangen, hatte erst zwei, drei Querstraßen überschritten, und war immer wieder in das nächste Gäßchen abgezweigt, als er plötzlich stehenblieb und die Erscheinung anstarrte, die auf ihn zukam.

Einen derart mißgestalteten Menschen hatte er in seinem ganzen Leben noch nicht gesehen. Die Füße waren gegeneinander gerichtet, das eine Bein schien ein verkehrtes Kniegelenk zu haben, jedenfalls stand der Oberschenkel weit ab, die Schultern waren verzerrt, der Kopf wuchs fast aus dem Brustbein, und die Arme wirkten viel zu lang, wie bei einem Affen. Mit der linken Hand hielt der Mann, dessen Anzug übrigens tadellos war, einen Stockknauf umklammert, mit der rechten tastete er sich der Wand des Gäßchens nach, durch das er dahergeschlurft kam, und als er nun vor einer kleinen Treppe stand, die drei Schritte abwärts führte, fragte der Cellist, der vor dieser Treppe stand, unwillkürlich: »Soll ich Ihnen helfen?«

Der Blick, der ihn aus den Augen des Krüppels traf, hatte etwas unangenehm Körperliches, er blieb an ihm haften wie Farbe. Der Mund des andern, auch er seltsam verformt, wohl von einem Schlaganfall, öffnete sich langsam und gab schaudererregend gelbe Zähne frei. Dann warf das Männlein seinen Kopf nach hinten, so weit und leicht, als hätte er keine Halswirbel, und rief nach oben: »Maria, hast du gehört? Er will uns helfen!« Dann folgte ein längeres Gurgeln und Keuchen, das wohl ein Lachen war.

Der Cellist schaute auch nach oben, er merkte erst jetzt, wie hoch die Häuser waren, welche die Gassen bildeten, und daß etliche davon durch Torbogen miteinander verbunden waren, welche in der Verlängerung eine Wirkung hatten wie der Satz »Ich träumte, daß ich träumte, daß ich träumte«.

Und neben dem ersten Torbogen, in drei oder vier Stockwerken Höhe, schaute ein Frauenkopf zum Fenster hinaus, der offensichtlich zu Maria gehörte, ein schöner Kopf, ein südlicher Kopf, ein junger, schöner, südlicher Frauenkopf, eingerahmt von schwarzen Haaren, in der Mitte gescheitelt und hinten geknotet, lebendige, dunkle Augen, die auf ihn, den Cellisten, gerichtet waren, wahrscheinlich schon vor dem Zuruf des Krüppels.

»Hier hinein!« krächzte der Alte und schwang seinen Stock überraschend beweglich zu einer Türe, die schräg hinter ihm lag, »und dann hinauf!«

»Ich wollte Ihnen eigentlich nur die Treppe hinunter helfen«, sagte der Cellist.

»Sie wollten mir helfen«, sagte der Krüppel, »das ist schön, das ist sehr schön – und selten.« Dann rief er nach oben: »Maria! Er kommt!« und begann die Treppe hinunterzusteigen, indem er seinen verkehrten Fuß weit ausholend auf jede Stufe schwang und den Cellisten mit dem Kopf nochmals zur Türe wies, die er vorhin gezeigt hatte. Dieser dachte an den schönen Frauenkopf, der jetzt verschwunden war, und plötzlich hatte er Lust, da hinaufzugehen, wieso eigentlich nicht, sagte er sich, ich habe ja Zeit, wieso soll ich nicht hinaufgehen, wenn ich erwartet werde von einer solchen Maria, und er stieß die schwere Türe auf und befand sich in einem großen und lichten Innenhof mit einem offenen Treppenhaus, das in jedem Stockwerk in einen Bogengang mündete, welcher sich um den ganzen Innenhof herumzog. Fast wie ein Kloster, dachte der Cellist, oder wie ein Palast, und erinnerte sich an ähnliche Gebäude, in denen er schon musiziert hatte. Als er auf dem obersten Treppenabsatz angekommen war, öffnete sich am Ende des Bogenganges eine Türe, und Maria winkte ihm wortlos. Er ging hin und trat ein. Maria schloß sie gleich hinter ihm zu.

»Mein Name ist –« begann der Cellist, wurde aber von Maria sofort unterbrochen.

»Kein Name«, sagte sie, »das ist nicht wichtig.«

»Aber Sie sind Maria?« fragte der Cellist.

»Ja«, sagte sie, »aber das ist auch nicht wichtig.«

»Was ist denn wichtig?« fragte der Cellist.

»Sie wollen uns helfen«, sagte Maria.

»Wenn ich kann«, sagte der Cellist.

»Oh, Sie können es, Sie können es«, sagte Maria und schaute ihn von oben bis unten an.

Auch der Cellist schaute nun die ganze Maria an und war angetan von ihrer schönen Gestalt, die so nahe bei ihm stand, er roch auch ihren Körperduft oder ihr Parfum, und daß sie so vertraut mit ihm sprach, erregte ihn angenehm.

»Also«, sagte er dann, »worum geht es?«

»Sie sind sicher nicht von hier«, sagte Maria.

»Nein«, sagte der Cellist, »wieso meinen Sie?«

»Niemand von hier würde meinem Vater helfen wollen. Er ist verhaßt. Bei den Italienern, weil er Deutscher ist, und bei den Deutschen, weil er ein Deutscher ist, aber die Deutschen haßt.«

»Und wieso haßt er die Deutschen?«

»Sie haben ihn ja gesehen«, sagte Maria, »es geht auf den Krieg zurück.«

Der Cellist senkte den Kopf.

»Sehen Sie. Und damit hängt Ihr Auftrag zusammen.«

»Mein Auftrag?«

»Ja. Es ist alles vorbereitet. Sie ziehen zuerst die Stiefel hier an, und den Mantel und den Hut.« Sie zeigte auf ein Paar militärgrüne Fischerstiefel, die bis zu den Hüften reichen mußten, und auf einen öligen Südwester.

»Dann nehmen Sie das hier.« Sie öffnete einen Schrank, und dem Cellisten entfuhr ein Laut der Überraschung. Im Schrank lag ein Geigenkasten.

»Keine Angst«, sagte Maria, »es ist keine Geige drin.«

Der Cellist war nicht beruhigt. Eine Geige wäre ihm lieber gewesen.

»Was ist denn drin?« fragte er.

»Warten Sie«, sagte Maria. »Sie nehmen das also mit und steigen in unseren Innenhof durch den Abflußdeckel in die Kanalisation hinunter. Damit Sie unten etwas sehen, geben wir Ihnen diese Taschenlampe mit. Sie gehen nun durch den Kanal in der Richtung, in der das Wasser fließt. Passen Sie auf, daß Sie nicht hinfallen, es ist schlüpfrig.«

Der Cellist schüttelte nur den Kopf.

»Dreimal«, sagte Maria unbeirrt, »kommt von links ein Kanal, aber Sie biegen erst in den vierten Kanal ein und laufen ein kleines Stück gegen das fließende Wasser, bis Sie oben das Licht sehen, das durch einen Abflußdeckel kommt. Sie steigen die paar Sprossen hoch, hängen den Geigenkasten mit diesem Haken an die oberste Sprosse unter dem Deckel, zünden diese Schnur mit diesem Feuerzeug an, gehen wieder zurück in den Hauptkanal, laufen weiter in der Richtung, in der das Wasser fließt, zweigen beim zweiten Zufluß nach rechts ab und steigen beim ersten Abflußdeckel wieder hinauf. Im Innenhof, in dem Sie sich dann befinden, ziehen Sie Stiefel und Mantel und Hut wieder aus, werfen alles in den Abfallsack, der bereitsteht, machen den Abflußdeckel zu und öffnen die Türe mit diesem Schlüssel hier. Dann gehen Sie zum Bahnhof und fahren mit dem 10.04-Zug nach Innsbruck.« Von einem dunklen Tischchen nahm sie ein Bahnbillett und hielt es ihm hin.

»Danke«, sagte der Cellist, »danke, ich habe schon eine Fahrkarte für den 10.04-Zug.«

»Um so besser«, sagte Maria und legte ihr Billett sofort beiseite, »dann können Sie es also tun?«

Der Cellist hatte nicht aufgehört, den Kopf zu schütteln, und blickte abwechselnd auf Maria und auf den Geigenkasten, um den eine starke weiße Schnur gewickelt war.

»Was passiert mit dem Geigenkasten, wenn die Schnur brennt?« fragte er dann.

Maria lächelte und legte ihm ihren Arm um den Hals.

»Was wohl?« fragte sie leise und gab ihm einen Kuß auf die Wange, »der geht in die Luft.«

Der Cellist atmete tief ein. »Und was ist über dem Deckel?« fragte er.

»Nur ein Denkmal«, sagte Maria, »weiter nichts.«

»Was für ein Denkmal?« fragte der Cellist.

»Walther von der Vogelweide«, sagte Maria.

»Und das wollt ihr –«

»Ja«, sagte Maria, »es muß weg. Früher stand es auf diesem Platz. Dann brachten es die Italiener auf einen anderen, kleineren Platz. Jetzt haben die Tiroler durchgesetzt, daß es wieder auf den Walther-Platz kommt. Es ist der Hauptplatz. Mein Vater will das nicht. Diese Stadt darf nicht wieder deutsch werden, sagt er. Bitte, tun Sie es. Es kommt niemand zu Schaden.«

»Und die Leute?«

»Das Denkmal steht noch nicht auf dem Sockel. Es ist jetzt direkt neben diesem Abflußdeckel, hinter der Abschrankung für den Umbau. Es ist Samstag, niemand arbeitet heute auf dem Bauplatz. Die Ladung ist so klein, daß nur das Denkmal zerstört wird.«

»Nur das Denkmal ... wie das tönt«, sagte der Cellist. Dann sagte er entschlossen: »Liebe Maria, ich habe nicht den geringsten Grund, etwas derart Idiotisches zu tun. Warum tut es niemand von Ihnen?«

»Der Verdacht«, sagte Maria, »würde sofort auf uns fallen. Wir und zwei, drei andere sind die einzigen, die so etwas tun würden. Deshalb müssen wir zur Zeit der Explosion gesehen werden.«

»Wie lange brennt denn die Zündschnur?« fragte der Cellist, halb amüsiert, halb fasziniert.

»Drei Minuten«, sagte Maria.

»Wissen Sie eigentlich, daß ich Musiker bin?« fragte der Cellist, ohne die Antwort abzuwarten. »Ich bin Cellist eines Streichquartetts, ich lebe davon, daß ich Musik spiele, Musik von Komponisten, von Beethoven, von Borodin, von Bartók, und Sie erwarten von mir, ausgerechnet von mir, daß ich einen alten Dichter in die Luft sprenge, ich, ein Dienstuntauglicher, dem alles Militärische fremd ist, nur aus irgendwelchen diffusen Rachegründen, die ich nicht einmal genau kenne, die jedenfalls mit mir nichts zu tun haben. Musik sollte versöhnen, Minderheiten müssen sich näherkommen, wir sollten doch ... wir sollten lieben, nicht hassen, wir – gut, ich werde es tun.«

Getroffen von seinem letzten Satz stand er da. Er hatte ihn nicht gesagt, er hatte ihn sich sagen gehört. Und im selben Moment wußte er, daß er es tun würde. Warum, wußte er nicht, alles sprach dagegen, wirklich alles, aber er würde es tun.

Maria umarmte ihn und gab ihm einen langen und tiefen Kuß, der ihn der Auflösung nahebrachte. Dann sagte sie plötzlich: »Ich vergaß zu sagen, wir werden

Sie bezahlen. Gut bezahlen.« Und sie öffnete die Schublade des Tischchens, auf welches sie das Bahnbillett gelegt hatte.

»Nein«, sagte der Cellist, »niemals.«

Maria küßte ihn noch einmal.

»Jetzt müssen Sie gehen«, sagte sie, »passen Sie gut auf sich auf.«

Der Cellist zog die Stiefel an und hängte die Haltebänder an seinem Gürtel ein, er zog sich den Südwester über, setzte sich den Hut auf den Kopf und schnürte die Bändel unter seinem Kinn zu, steckte die Taschenlampe und das Feuerzeug ein, nahm den Geigenkasten sorgfältig am Griff in die Hand und ging mit Maria die Treppe hinunter.

»Sieht uns niemand?« fragte er.

»Nein«, sagte sie, »das Haus gehört uns allein.«

»Und das Haus, bei dem ich herauskomme?«

»Ebenfalls«, sagte sie.

Er stand vor dem Kanalisationsloch, der Deckel war bereits zur Seite geschoben.

»Wer wird ihn schließen?« fragte er.

»Ich«, sagte Maria, »ich bin stark.«

»Auf Wiedersehn«, sagte der Cellist und begann sorgfältig die Sprossen hinunterzusteigen.

»Auf Wiedersehn«, sagte Maria.

Der Cellist stand unten in einer naßstinkenden Rinne. Er knipste die Taschenlampe an und schaute noch einmal hinauf. »Ich liebe Sie«, sagte er zu Maria und begann dann vorsichtig der Richtung des fließenden Wassers nachzugehen, leicht gebückt, der Kanal war sehr eng. Die Beschreibung Marias erwies sich als zuverlässig. Die Seitenkanäle mündeten ein, einer nach dem andern, jeder mit etwas mehr Schmutzwasser, so daß er zuletzt nicht mehr am Boden der Rinne gehen konnte, sondern breitbeinig auf den beiden glitschigen Borden lief und ab und zu eine Ratte aufscheuchte, was er mit ordentlichem Ekel zur Kenntnis nahm, auch der Geruch war übel, aber es machte ihm eigenartig wenig aus. Mit großer Leichtigkeit bog er in den vierten Kanal ab, fand den Abflußdeckel ohne Mühe, stieg die paar Sprossen hoch, oben rührte sich nichts, der Schatten, den man sah, mußte vom Denkmal kommen, er hängte den Haken an den Griff des Geigenkastens, wickelte dann die Zündschnur ab, so daß sie frei im Schacht hing, nahm das Feuerzeug und zündete sie an. Als er sicher war, daß sie brannte und er sah, daß sich die Glut langsam nach oben fraß, ging er ohne zu hetzen wieder in den Hauptkanal zurück, ging weiter in der Richtung des Wassers und fand den Schacht mit dem offenen Kanaldeckel. Als er auf den Sprossen stand, wurde er durch die Wucht der Detonation fast nach oben gehoben. Er stieg aus, schob den Deckel mit großer Anstrengung auf seinen Platz, zog Hut, Mantel und Stiefel aus und legte sie in den Abfallsack, der unter dem Arkadengang des Innenhofs bereitstand. Er schnürte ihn zu, nahm den Schlüssel aus seiner Tasche, öffnete die Türe, schloß sie wieder und stand in einem kleinen, menschenleeren Gäßchen. Nach kurzer Zeit war er in einer Straße, die er wieder erkannte, und machte sich auf den Weg zu seinem Hotel.

Als er zum Walther-Platz kam, war dieser von einer großen Menschenmenge überflutet, und er sah von weitem, daß die Verschalung, hinter der das Denkmal gestanden hatte, abgerissen war und die Statue schräg und verkohlt an einer Zementmischmaschine hing.

Der Kopf, der am frühen Morgen noch aus den Brettern herausgeschaut hatte, war weg.

»Was ist passiert?« fragte er einen älteren Mann mit einer blauen Schürze.

»Sie haben uns das Denkmal gesprengt«, sagte dieser und schüttelte erbittert den Kopf.

»Ist jemand verletzt?« fragte der Cellist.

»Ja«, sagte der Mann mit der blauen Schürze, »Walther von der Vogelweide.«

Und während die Polizei den Platz abzusperren begann, ging der Cellist ins Hotel Alpi zurück, holte sein Cello und seinen Koffer aus dem Zimmer und traf in der Halle seine drei Kollegen.

»Hast du gehört?« sagten sie zu ihm, »da vorne wurde ein Denkmal gesprengt. Walther von der Vogelweide.«

»Wer tut denn so was?« fragte der Cellist.

»Extremisten, Terroristen oder Faschisten, hat der Portier gesagt«, meinte der erste Geiger.

»Eine schöne Auswahl«, sagte der Cellist.

»Ja«, sagte der Bratschist, »ich bin froh, daß wir hier wegkommen.«

»Ich auch«, sagte der Cellist, und es war ihm unfaßbar leicht zumute, als er in den 10.04-Zug einstieg und das Tal hinauf über den Brenner fuhr, nach Innsbruck, wo am selben Abend das nächste Konzert stattfand, mit Quartetten von Beethoven, Borodin und Bartók.

Billiges Notizpapier

Ein Mann – solche Geschichten handeln meist von Männern, mit Vorliebe von alleinstehenden und älteren – ein Mann hatte die Gewohnheit, jedes Papier, das ihm in die Hand kam, daraufhin zu prüfen, ob es sich noch als Notizpapier gebrauchen ließe.

Dieser Mann war, entgegen der soeben geäußerten Vermutung, jünger, nämlich zwischen dreißig und vierzig, und er lebte auch nicht allein, sondern mit seiner Familie, das waren seine Frau und zwei schulpflichtige Mädchen.

Er selbst arbeitete als Verwalter eines Bezirksspitals, tat aber daneben noch alles mögliche, spielte Klarinette in einer Blasmusik, war in der Kirchenpflege als Quästor tätig, saß in der Vormundschaftsbehörde, war Mitglied des Alpenclubs, dessen örtliche Sektion er zeitweise präsidierte, leitete auch die kantonale Liga gegen Tuberkulose – er war also ein durch und durch brauchbarer Mann, der sich weder den Ansprüchen der Allgemeinheit noch denen seiner Familie verschloß, mit der er regelmäßig musizierte, Karten spielte und Wanderungen unternahm.

Er bekam bei all seinen Tätigkeiten ziemlich viel Post, und irgendeinmal hatte er damit begonnen, Blätter von hektographierten Mitteilungen aufzubewahren, um die Rückseite noch als Notizpapier zu brauchen. Bei der großen Zahl solcher Mitteilungen, die er erhielt, wuchs dieser Blätterhaufen rasch an, und er kam nun auf die Idee, die Blätter ihrem Falz nach zu schneiden, da er bemerkt hatte, daß der Bedarf an ganzen Blättern gar nicht so groß war, wohl aber derjenige an halben oder Viertelblättern, auf denen man zum Beispiel aufschreiben konnte, wohin man noch telefonieren mußte oder was man besorgen wollte.

Seine Frau hatte für ihre Einkaufsnotizen lange Zeit eine Art Kalenderchen mit herzförmigen rosaroten Blättern verwendet, ein Geschenk ihres Patenkindes, und eines Tages, als die Blätter schon zu einem fingerdicken Häufchen zusammengeschrumpft waren, fand sie statt des Kalenderherzens in der Küche ein kleines, offenes Kartonschächtelchen, in welches auf der Vorderseite eine Vertiefung eingeschnitten war, die das Herausgreifen der darin aufgeschichteten Notizblätter erleichterte, Notizblätter in Viertelsgröße, die ihr Mann alle mit dem Brieföffner geschnitten hatte. Der Mann selbst stand neben diesem Schächtelchen und schaute sie Anerkennung heischend an. »Damit du besser aufschreiben kannst, was du brauchst«, sagte er und zeigte seiner Frau das oberste Blättchen, auf das er bereits das Wort »Pap.nastücher« geschrieben hatte. Das war etwas, das, wie er bemerkt hatte, im Haushalt gerade fehlte.

Man kann nicht sagen, daß die Frau besonders erfreut war über diese neue Einrichtung. Sie nahm das oberste Papierchen in die Hände und drehte es um, es war das untere rechte Viertel einer Einladung zur letztjährigen Generalversammlung des Alpenclubs, mit der vervielfältigten Unterschrift des Aktuars, eines Menschen, der ihr wegen seiner Vereinsmeierei zuwider war. Auch die Worte »Mit frohem Berggruß«, welche über der Unterschrift standen, stießen sie eher ab. Sie sah aber sofort, daß ihrem Mann sehr viel an dieser neuen Einrichtung lag und daß er sie als echten

Beitrag zum Haushaltsgeschehen auffaßte, und da er sich sonst sehr wenig um den Alltagsablauf kümmerte, ließ sie ihm die Freude und dachte, er gehe dann vielleicht auch einmal einkaufen.

Das war aber nicht der Fall. Es mehrten sich bloß die kleinen Eintragungen von der Hand des Mannes auf den selbstgeschnittenen Einkaufszetteln. Griff die Frau nach einem solchen Zettelchen, um sich aufzuschreiben, was sie auf dem Markt kaufen wollte, stand etwa zuoberst schon »Watte«. Die Frau spürte nun einen deutlichen Widerwillen, unter dieses Wort einfach »Tomaten« oder »Zitronen« zu schreiben, und nahm lieber einen zweiten Zettel, auf den sie ihre eigenen Notizen machte. Kam aber am Abend ihr Mann in die Küche, fragte er unweigerlich: »So, hast du die Watte?« Und wenn sie »ja« sagte, fragte er mit einem raschen Blick auf das Schächtelchen: »Hast du den Zettel nicht gebraucht?« – »Nein, ich habe einen neuen gemacht«, sagte die Frau, und dann warf er den alten nicht etwa weg, sondern nahm den Bleistift, der stets daneben lag, und strich das Wort »Watte« durch. So konnte man den Zettel noch einmal brauchen.

Die Familie aß in der Küche, es war eine Wohnküche, und der Sitzplatz des Vaters war vor dem Küchenschrank, der durch einen Sims sozusagen in zwei Etagen unterteilt war. Auf diesem Sims hatte früher das herzförmige Kalenderchen gelegen, und jetzt lag dort das Schächtelchen mit dem selbstgeschnittenen Notizpapier. Sobald nun der Vater während des Essens merkte, daß etwas auszugehen drohte oder gar schon fehlte, drehte er sich mit einem kleinen Ruck um und notierte es auf das oberste Zettelchen, »Aromat« oder »Senf« oder »Süßmost«.

Die Frau ärgerte sich immer ein bißchen, wenn er sich während des Essens zum Schrank umdrehte, sie mißtraute auch schon dem Blick ihres Mannes, wenn er über den Tisch und die Getränkeecke glitt, denn schließlich war jede Notiz auch ein kleiner Vorwurf an die Haushaltführung. In einem perfekt geführten Haushalt fehlt nie etwas. Das alles hatte aber nicht etwa zur Folge, daß sie von nun an besser vorausplante, sondern zu ihrem eigenen Erstaunen ließ sie sogar absichtlich gewisse Dinge ausgehen.

Die beiden Mädchen, zehn und acht Jahre alt, freuten sich übrigens über diese Zettelchen. Sie mußten immer am Tisch bleiben, bis alle zu Ende gegessen hatten, und meistens waren sie früher fertig als die Eltern. Sie griffen dann nach einem solchen Zettelchen und zeichneten etwas Kleines darauf, das war erlaubt. Manchmal, wenn sie etwas genau erklärt haben wollten, zeichnete ihnen auch der Vater oder die Mutter etwas auf. Als es allerdings ein paarmal vorgekommen war, daß der Bleistift nicht mehr neben dem Notizblattschächtelchen lag, stach der Vater mit dem Brieföffner ein Loch in den Schachtelrand, klebte ein paar Verstärkungsringe darum und band den Bleistift, um den er kurz vor dem hinteren Ende eine Vertiefung gekerbt hatte, mit einem Zwirnfaden daran fest. Nun mußten die Mädchen, wenn sie etwas zeichnen wollten, ihre eigenen Blei- oder Farbstifte mitbringen, oder sie mußten sich hinter den Vater an den Schranksims drängen, was meistens Streit gab und für den Vater, der noch aß, auch ohne Streit unangenehm war, so daß die Mädchen nach einer Weile ganz aufhörten, die Blättchen zum Zeichnen zu benützen. Ein beliebtes Spiel war es aber, die Viertelsblätter wieder zu einem ganzen Blatt zusammenzusetzen. Dafür suchten sie sich vor allem die farbigen Reklameblätter heraus. Die Frau hatte nämlich angefangen, einseitig bedruckte Blätter aus Wurfsendungen zu vierteln und unter die andern Blätter zu mischen, damit das trostlose Weiß der hektographierten Blätter etwas durchbrochen wurde. Die Begeisterung ihres Mannes über diese Maßnahme milderte ihren Eifer wieder ein bißchen, und als ihr Mann selbst die Wurfsendungen nach einseitig bedruckten Blättern durchmusterte, ließ sie es wieder bleiben.

Öfters gab es natürlich auch Blätter, die ungefaltet ins Haus kamen, und die begann der Vater nun als Zeichenpapier für die Mädchen aufzubewahren. Die Mädchen zeichneten sehr gern und viel, und die Mutter hatte immer darauf geachtet, daß sie gutes Papier und gute Farbstifte hatten, weil sie es wichtig fand, daß sich die Kinder auf diese Weise ausdrücken und entfalten konnten. Meistens hatte sie in einem Warenhaus günstige Zeichenblöcke mit hundert Blatt gekauft, die etwas größer waren als das A4-Format.

Beim nächsten derartigen Kauf erhielt sie nun einen ungewöhnlich scharfen Verweis ihres Mannes. Eine überflüssige Ausgabe, sagte er, sei das, sie hätten nun gewiß genug Papier zum Zeichnen. Auch die Größe sei durchaus hinreichend, ein A4-Blatt genüge doch wohl zur Selbstverwirklichung des Kindes. Die Bemerkung der Frau, es sei nicht schön, wenn man von der Rückseite her irgendeinen Text durchschimmern sehe, mit unterstrichenen Stellen womöglich, veranlaßte ihn zur Entgegnung, das Zeichnen selbst erfolge ja auf einer Unterlage, wo nichts durchschimmere, und wenn die Zeichnung fertig sei, brauche man sie nicht noch gegen das Licht zu halten. Einzig als sie sagte, die Kinder hätten gern diese Blöcke, bei denen die Blätter zusammenhingen und nachher nicht lose herumflatterten, stutzte er und sagte, ja, das sei wahr, man habe so auch eine bessere Ordnung in den Zeichnungen. Ein paar Tage später zeigte er seiner Frau mit großer Freude, wie man aus Restpapier einen Block machen konnte, indem man die oberen Kanten bündig zusammenpreßte und mit Leim überstrich. Er schenkte jeder seiner Töchter einen selbstgeklebten Block mit Papieren in verschiedenen Farben und Stärken, mit zum Teil matten, zum Teil glänzenden Oberflächen, je nachdem ob es Werbezettel für Schuhverkäufe oder Emissionsprospekte von Obligationen waren. Den Mädchen gefiel es aber nicht, daß man, wenn man ein Blatt umschlug, etwas Gedrucktes sah, denn wenn man eine neue Zeichnung machte, lag ja die Rückseite der alten Zeichnung daneben, und dieses Gedruckte, sagten sie, störe sie, sie konnten auch nicht mehr, wie sie das bei Zeichenblöcken häufig getan hatten, etwas zeichnen, das über zwei Seiten ging, zum Beispiel einen sehr langen Löwen oder ein Krokodil.

Doch der Vater blieb dabei, daß er kein Geld mehr für neue Zeichenblöcke zur Verfügung stelle, es sei auch eine Übung, wenn man lerne, sich in einen vorgegebenen Rahmen zu fügen. Zudem wies er darauf hin, daß Papier letztlich aus Bäumen gemacht werde und daß es schon deshalb immer wichtiger werde, Papier, das nochmals gebraucht werden könne, tatsächlich nochmals zu brauchen.

Diese Einsicht setzte er immer unerbittlicher in die Tat um. Drucksachen kamen gewöhnlich in einem Umschlag, der nicht zugeklebt war, sondern dessen

Lasche man eingesteckt hatte, die gummierte Fläche zum Zukleben war also noch verwendbar. So begann er, wenn er einen Brief zu verschicken hatte, alte Drucksachencouverts zu benützen, indem er die an ihn gerichtete Anschrift mit einer Aufklebeadresse überdeckte, auf die er den neuen Empfänger schrieb. Es ging nicht lange, bis er auch den Kauf von Aufklebeadressen einstellte. Gab es nicht genug Briefumschläge, deren Rückseite ganz leer war, bei denen man also lediglich, nachdem man sie unten ebenfalls aufgetrennt hatte, die Verstärkungen auf den beiden Seiten und den meist selbstklebenden Verschlußteil wegschneiden mußte, und schon hatte man die schönsten Papiervierecke, über die man nur noch mit einem Leimstift fahren mußte, damit man sie als Aufklebeadressen brauchen konnte? Auch für die länglichen Briefumschläge, die beim Zerschneiden viel schmalere Streifen ergaben, hatte er eine Verwendung. Diese benutzte er, um Zugverbindungen aus dem Fahrplan herauszuschreiben, wenn er mit seiner Familie auf einen Sonntagsausflug ging. Für diese schmalen Blätter hatte er sich auch einen Extrabehälter angefertigt, aus einer alten Badedas-Schachtel, die er direkt neben den Fahrplan legte. Gleich daneben übrigens hatte er eine Schachtel mit verschiedenen Formaten für Kleinnotizen aller Art in der Nähe des Schreibtisches. Gerade beim Zerschneiden von Briefcouverts gab es ja doch immer leicht voneinander abweichende Größen, und die legte er zur freien Verfügung in eine offene Schachtel. Das Öffnen der Post war bei ihm zu einem Vorgang geworden, der immer weniger mit dem Inhalt der Briefe zu tun hatte, sondern eher dem Zerlegen und Entgräten eines Fisches glich.

Die so gewonnenen Blätter gab er zwar her, aber er wollte immer wissen, zu welchem Zweck. Als er einmal die Mädchen dabei ertappte, wie sie Dutzende von Notizzetteln einfach mit sinnlosem Zeug vollkritzelten und jubelnd im Kinderzimmer herumwarfen, redete er ihnen lange ins Gewissen, um ihnen klarzumachen, daß man mit wiederverwertetem Papier ebenso sparsam umzugehen hatte wie mit neuem.

Auch an seinem Arbeitsplatz hatte er natürlich schon längst das System des billigen Notizpapiers eingeführt. Da dort der Anfall an einseitig bedrucktem Papier bedeutend größer war, waren die Vorräte schon bald auf ein Maß gestiegen, das eine weitere Aufstockung unnötig machte; inzwischen war ihm aber der Gedanke, Papier wegzuwerfen, unerträglich geworden, so daß er begann, Abfallpapier und Briefumschläge aus dem Spital mit nach Hause zu nehmen und dort weiter zu bearbeiten, eine Beschäftigung, für die er sich oft den ganzen Samstag Zeit nahm. Er setzte sich dann mit Brieföffner, Schere und Papierkorb an den Stubentisch und gab sich ganz der Tätigkeit des Auftrennens, Schneidens, Schnipselns und Sortierens hin; auf Störungen war er sehr empfindlich.

Zugleich mit dem Anwachsen der Notizpapiervorräte wuchs aber seine Fähigkeit, die Dinge im Kopf zu behalten, die er sich notierte. Wenn er also auf einen seiner verschieden großen Zettel schrieb

17h
Alfred tel.

und ihn neben das Telefon legte, dann stand ihm schon derart klar vor Augen, daß er Alfred anrufen wollte, daß er den Zettel ebensogut hätte wegwerfen können, und auch daß er das erst um 17 Uhr, zur Zeit des Niedertarifs machen würde, bedurfte bei seiner Sparsamkeit keiner schriftlichen Stütze. Er ahnte langsam, daß er in seinem Leben nie soviel Notizpapier brauchen konnte, wie er anhäufte, hörte aber deshalb mit dem Anhäufen nicht auf, sondern war doppelt froh um jede Gelegenheit, Notizpapier tatsächlich zu verwenden, was zum Beispiel beim Jassen mit der Familie möglich war. Daß für das Aufschreiben der Resultate eigentlich eine schöne Schiefertafel zur Verfügung stand mit einem Satz Kreiden in Kreidenhaltern, wollte er nicht wahrhaben, er ging sogar so weit, deren Gebrauch so lange zu verbieten, bis das Notizpapier aufgebraucht sei. Dafür gab es allerdings immer weniger Hoffnung, denn die einzige Person, die auf ein bißchen Notizpapier angewiesen war, war seine Frau beim Zusammenstellen ihrer Einkäufe.

Sie hatte ihrerseits die Gewohnheit entwickelt, jedes Papierchen, das sie beschreiben wollte, zuerst umzudrehen und den Text auf der Rückseite zu lesen oder das, was von diesem Text noch übrig war, also Mitteilungen wie

entsprechende
Sammelausweise Fr.

(Sollten Sie sich für diese Die
wir Sie, uns den mitfolgenden Sc
zurückzusenden. Wir sind überz
wertung beim Ausfüllen des Wer
Dienste leistet. – Für weitere A
zeit gerne zur Verfügung. Mi

Beilage
1 Talon

oder

TEN-OSTEREIERAUSSTELLUNG

für Schulen

n mit Stoffresten

(10–12 und 14–17 Uhr)

Zu diesen Texten dachte sie sich immer etwas. Sie versuchte sich etwa einen Moment lang entsprechende Sammelausweise vorzustellen, und durch die Zerrissenheit der Nachricht erschien ihr etwas wie das »Ausfüllen des Wer« als besonders nutzlose Beschäftigung. Wenn sie »Für weitere A zeit gerne zur Verfügung« las, sah sie im Hintergrund verschwommen ihren Mann am Bürotisch der Spitalverwaltung sitzen und steinern lächeln, während sie die Vorstellung von ganzen Schulklassen mit Stoffresten unvermutet zu Tränen rühren konnte.

Als sich nun aber Blätter darunter zu mischen begannen mit Inhalten wie

Schlüsselzahlen ....

Erster Arztbericht ....

Zahnformular ....

Art der Verletzungen
(max. 20 Schreibmasch.zeichen)

Angef. Prothesen ....

brachte sie es nicht mehr fertig, auf die Rückseite einfach »Corn Flakes« und »Geschnetzeltes« zu schreiben, als ob nichts wäre. Sie kaufte sich in einem Warenhaus für 80 Rappen einen neuen Notizblock, den sie sorgfältig in einem Außenfach ihrer Einkaufstasche verwahrte. Mit großer Erleichterung schrieb sie ihre Liste wieder auf frische, nur zu diesem Zweck hergestellte Zettelchen und zerknüllte dafür jedesmal ein Wiederverwertungspapier ihres Mannes.

Der Moment der Entdeckung war fürchterlich und unausweichlich. Der Mann hatte angefangen, überall nach möglichem Notizpapier zu spähen. Da er schon so weit war, daß er selbst Innenseiten von Schokoladeumschlägen sammelte und auch Reisschachteln und Suppenkartons zerschnitt (die Längsseiten waren hervorragend für Zugverbindungen geeignet, die man unverstärkt in die Rucksacktasche stecken konnte), durchsuchte er gelegentlich auch den Abfallkübel, und als er dort mehrere zusammengedrückte Notizpapiere fand, die sich beim Auseinanderfalten als leer erwiesen, kam in ihm ein Verdacht hoch. Er war davon überzeugt, daß seine Frau alles abstreiten würde und beschloß deshalb, sie bei der Tat zu überrumpeln. Als sie am nächsten Samstag zum Einkaufen ging, folgte er ihr in einigem Abstand, ging ebenfalls ins Einkaufszentrum, und während sie zuerst bei den Gemüseauslagen verweilte, stellte er sich hinter die Verkaufsgondel mit der Watte und den Papiernastüchlein. Als seine Frau mit dem Wägelchen auf diese Gondel zusteuerte, schnellte er hervor und nahm ihr, die einen Aufschrei hinunterwürgen mußte, den Notizzettel aus der Hand. »Es ist also wahr«, sagte er, als er das frische Papier in den Fingern drehte und die völlig unbedruckte Rückseite sah, »du betrügst mich.« Mit einem raschen Zugriff zerknüllte er das Papier und sagte leise und böse zu seiner Frau: »Wir sprechen zu Hause darüber.«

Hier breche ich meine Erzählung ab und frage Sie: Ist eine Versöhnung noch möglich? Wird die Frau nach dem Einkauf nach Hause kommen und ihrem Mann sagen, daß er die Schonung der Bäume nicht zur Unterdrückung der Familie mißbrauchen dürfe? Wird der Mann einem solchen Gedanken zugänglich sein, oder wird er sich, wie die meisten Männer, für unschuldig halten? Wird ihm die Frau Ausdrücke an den Kopf werfen, die für ihn so ungeheuerlich sind, daß er nichts darauf zu entgegnen weiß?

Oder wird die Frau an diesem Samstag gar nicht nach Hause zurückkehren, sondern mit den Einkäufen zu ihrer Schwester gehen und am Montag die beiden Töchter nachholen? Wird es zur Scheidung kommen? Wird die Frau als erstes ihren Mädchen wieder große Zeichenblöcke kaufen? Und wenn sie ihnen Zeichenblöcke kauft, frage ich Sie: Werden die Mädchen je wieder Löwen und Krokodile zeichnen, die über beide Seiten gehen?

Der Kuß

3 Möglichkeiten

1

Ein verheirateter Mann gab einer Schauspielerin, mit der er an den Rheinfall gefahren war, als er mit dem Auto wartete, bis er in die Hauptstraße einbiegen konnte, einen Kuß. Dabei geriet sein Wagen ins Rollen und kam direkt vor einen Lastwagen, der nicht mehr bremsen konnte. Der Mann und die Schauspielerin waren sofort tot.

2

Ein verheirateter Mann gab einer Schauspielerin, mit der er an den Rheinfall gefahren war, als er mit dem Auto wartete, bis er in die Hauptstraße einbiegen konnte, einen Kuß. Dabei geriet sein Wagen ins Rollen, streifte den Anhänger eines vorbeifahrenden Lastwagens, wurde auf die gegnerische Fahrbahn geworfen, wo ein korrekt entgegenkommender Lieferwagen die Kollision nicht mehr vermeiden konnte. Der Mann kam mit einigen Rippenbrüchen und einer Gehirnerschütterung davon. Die Schauspielerin jedoch wurde durch den Unfall querschnittgelähmt und mußte fortan durch diesen Mann unterhalten werden, da sowohl er als auch sie nur ungenügend versichert waren. Dies fiel dem Mann um so schwerer, als er die Schauspielerin erst am Tage des Unfalls kennengelernt hatte und von einer Beziehung zwischen ihm und ihr keine Rede sein konnte, was aber wiederum auf seine Frau und die Gesellschaft sehr unglaubwürdig wirkte. Die Beziehung zur Schauspielerin entstand erst jetzt, nach und nach, und der Mann hatte keine Freude an dieser Beziehung, denn die Schauspielerin war dumm und geschwätzig und hatte nun sehr viel Zeit, und die Besuche belasteten sein Familienleben, und auch die Versuche, sie in die Familie zu integrieren, endeten peinlich und mühsam, weder seine Frau noch seine Kinder mochten die Schauspielerin und waren nur höflich zu ihr. Der Mann verfluchte den Tag, an dem er, einer Laune folgend, mit dieser Schauspielerin an den Rheinfall gefahren war, aber es nützte ihm nichts.

3

Ein verheirateter Mann gab einer Schauspielerin, mit der er an den Rheinfall gefahren war, als er mit dem Auto wartete, bis er in die Hauptstraße einbiegen konnte, einen Kuß. Dabei geriet sein Wagen ins Rollen, und er konnte gerade noch rechtzeitig bremsen, bevor der Lastwagen an ihm vorbeifuhr.

Das hätte schiefgehen können, dachte er.

Die Schauspielerin traf er später nie mehr.

Der Geisterfahrer

Ob man sensibler ist, wenn man im Auto sitzt?

Das Gegenteil scheint der Fall zu sein, auf den ersten Blick, man hört von Rowdytum, kantonale Polizeidirektionen führen Pressekonferenzen durch, in denen sie die Verwilderung auf den Straßen dokumentieren und beklagen; die Leute überholen wie die Wahnsinnigen, je weniger Gelegenheit sie dazu haben, die Ungeduld macht sie rücksichtslos, unempfindlich für die Gefahren, keiner, der sich am Morgen in seinen Wagen setzt, glaubt daran, daß man ihn am Abend mit Trennscheiben aus einem Trümmerhaufen bergen muß, niemand kann sich den Knall vorstellen, mit dem ein Kind auf die Kühlerhaube prallt, und die Wucht, mit der es nachher durch die Luft gewirbelt und auf den Straßenboden geschleudert wird, niemand kann sich das vorstellen, niemand will sich das vorstellen, und wenn man es erlebt, ist es schon zu spät. Autofahren stumpft ab.

Und doch ist ein Auto auch ein Innenraum, der zu erstaunlichen Stimmungen fähig ist. Oder haben Sie nie erlebt, wie gut man miteinander reden kann, wenn man etwa zu zweit in der Nacht von irgendwo nach Hause fährt? Die Dunkelheit ringsum, die Scheinwerfer, die von Zeit zu Zeit wie Leuchtfische entgegenkommen und wieder verschwinden, das regelmäßige Geräusch des Motors, und man muß sich nicht in die Augen schauen beim Sprechen, wie im Zug, wo man sich unerbittlich gegenübersitzt, sondern man legt mit seinen Blicken zwei Parallelen, die sich nicht einmal im Unendlichen schneiden, und ist sich doch zum Berühren nah, und plötzlich ist eine Atmosphäre da, die sehr menschlich und intim ist, eine Atmosphäre für Geständnisse, für Offenbarungen, für plötzliche Einsichten. Aber auch wenn man allein fährt, kann sich etwas Ähnliches einstellen, das Zusammenspiel von Bewegung und Monotonie auf einer langen Fahrt ist imstande, seltene Gefühle in einem zu wecken, Abenteuerlust, Frühlingshunger, die heimliche Bereitschaft, Unwahrscheinliches zu erleben.

Wie anders soll man es sich erklären, daß es, seit es Autos gibt, auch Geschichten von merkwürdigen Autostoppern gibt? Sehr bekannt war lange Zeit in der ganzen Alpengegend die schwarze Frau. Das war eine Frau, die in schwarzen Kleidern an der Kurve einer Bergstraße stand und die Hand hob. Nahm man sie mit, setzte sie sich in den Fond des Wagens und sagte nichts, und wenn man sich nach einer Weile nach ihr umdrehte, war sie verschwunden. Schlimmer war es, wenn man beim Anblick der schwarzen Frau am Straßenrand dachte, die nehm ich nicht mit, und weiterfuhr, dann konnte es einem passieren, daß sie nach kurzer Zeit trotzdem hinten im Wagen saß.

Kürzlich tauchte am Belchentunnel, der die Autobahn von Basel nach Süden unter dem Jura durchführt, eine weiße Frau auf, die von vielen Menschen gesehen wurde oder gesehen worden sein wollte, es wiederholten sich die Geschichten mit dem Einsteigen und plötzlichen Verschwinden. Die Polizei äußerte sich zurückhaltend, einem Streifenwagen sei nie eine solche Figur begegnet, hieß es bloß.

Zusammen mit der weißen Frau stiegen aber aus Gott weiß welchen Ritzen unseres gebirgigen Landes oder unserer unruhigen Seelen eine ganze Anzahl von Männern auf, die sich nun über die Straßen der Schweiz verteilten und ihre Hände erhoben, um die Autos anzuhalten, verschieden geartete Männer, alt und verwahrlost die einen, mit Kleidern aus dem vorigen Jahrhundert die andern, wieder andere elegant und mit weißen Haaren und einem schwarzen Mäppchen, und sie begnügten sich nicht damit, einzusteigen und nichts zu sagen, sondern sie zettelten Gespräche an und sagten Dinge voraus, einfache Dinge, gewiß, die aber für die Leute doch haarsträubend waren, weil die Mitfahrer danach verschwanden, vom Rücksitz verschwanden.

Ob nun so etwas tatsächlich passiert oder ob es sich die Betroffenen nur einbilden, ist nebensächlich. Es *wirkt* jedenfalls, und wenn es nicht wahr ist, ist es doch wirklich. Deshalb habe ich auch von Anfang an nicht bezweifelt, daß an den Gerüchten über die Unfälle von Kestenholz etwas stimmen mußte.

Diese Unfälle gehörten zugleich zu den schlimmsten und unerklärlichsten im Lande, denn sie ereigneten sich alle auf einem der längsten geraden Stücke unseres Autobahnnetzes, kurz nach Egerkingen, auf der Höhe von Kestenholz, wo nichts die Sicht und die freie Fahrt stört, keine Brücke, keine Anzeigetafel, keine Ausfahrt, sondern wo man mit einem geradezu kalifornischen Gefühl von Ruhe und Großzügigkeit durch die Ebene am Fuße des Juras fahren kann, in die große, weite Welt hinaus, wenigstens bis nach Oensingen.

Wieso also kam es gerade dort immer wieder vor, daß Automobilisten, die sich auf der Überholspur befanden, unversehens von dieser Spur ausbrachen, entweder zurück in die rechte Spur oder in die Leitplanke des Mittelstreifens hinein? Diese Manöver endeten für den Lenker immer tödlich, und nicht nur für ihn allein, denn meistens war die rechte Spur besetzt, und es kam zu furchtbaren Zusammenstößen beim Versuch des überholenden Wagens, sich wieder hineinzudrücken, und wenn der Ausbruch nach links erfolgte, in die Stahlseile der Leitplanke, waren diese normalerweise zu schwach, um das Auto zurückzuhalten, welches dann auf die Gegenfahrbahn geriet und dort eine Frontalkollision verursachte.

Da kein Fahrer eines Unglückswagens einen solchen Unfall überlebte, mußte man immer versuchen, aus den Beobachtungen der übrigen Beteiligten ein Bild vom Hergang zu gewinnen, aber nie war einem andern Straßenbenützer etwas aufgefallen, was eine derart panische Reaktion gerechtfertigt hätte.

Plötzlich herunterstechende Raubvögel etwa sind als Auslöser von ähnlichen Unfällen bekannt, aber niemand hatte jemals einen gesehen, auch für Hasen oder andere Kleintiere, die allenfalls in die Fahrbahn gesprungen sein könnten, fand man keinen einzigen Augenzeugen. Am besten faßte es ein Lastwagenchauffeur zusammen, der von einem Unglücksfahrer gerade überholt worden war, als dieser nach links ausscherte und sich auf der andern Seite überschlug, der faßte also zusammen, was er als mögliches Hindernis auf der zweiten Spur gesehen habe: »Nichts. Gar, gar nichts.«

Gar nichts konnte es aber nicht sein, das die Automobilisten am hellichten Tag, meist sogar bei schönem Wetter, in derart verhängnisvolle Richtungswechsel trieb, und so kam es zu allerhand Vermutungen. Die Erdstrahlenanhänger hielten ihre Stunde für gekommen und stellten sich mit Pendeln auf dem Pannenstreifen auf, die Wasserfühler und Rutengänger meldeten sich und ersuchten um eine Begehungsmöglichkeit der Überholspur, Magnetopathen gaben ihre Wellenbündeltheorien bekannt, Astrosophen sprachen von einem temporären Fokus kosmischer Intensivstrahlung, die Lösungsvorschläge reichten vom Umwickeln der Leitplankenseile mit Kupferdrähten bis zur Überdachung des ganzen Abschnittes oder zum Einstecken von Metallplättchen vom Autobahnrand bis zur Dünnern, dem kleinen Fluß, der das Trassee dort eine Strecke weit begleitet.

Die Polizei war ratlos und unternahm nichts. Als dann aber ein Sportwagen unter die Räder eines Sattelschleppers fuhr, den er überholen wollte, und dabei mitgeschleift und zerdrückt wurde, signalisierte man an dieser Stelle eine Geschwindigkeitsbeschränkung auf 100 km, und wer weiß, wie schwierig hierzulande Geschwindigkeitsbeschränkungen bei den Behörden durchzubringen sind, sieht daran, daß man die Gefahr nun ernst nahm.

Woher sie aber kam, war immer noch nicht klar. In der Bevölkerung der Umgebung hörte man gelegentlich, vor allem von älteren Leuten, die Bemerkung, man hätte eben dem Roggenbauer seinen Grenzstein nicht wegnehmen dürfen. Das bezog sich auf eine alte Geschichte, die man früher in der Gegend erzählt hatte, von einem Bauern, der nach seinem Tod einen unrechtmäßig versetzten Grenzstein nächtlicherweile wieder an seinen Platz zurückschleppen mußte. Eine Sagensammlerin machte die Polizei darauf aufmerksam.

Der Beamte, der mit dem Sammeln der Hinweise beauftragt war, legte den Zettel mit dieser Notiz seufzend zu den Briefen mit der kosmischen Intensivstrahlung und den Metallplättchen. Erst beim nächsten Unfall dachte er wieder daran.

Das war nämlich der erste Unfall, bei dem es im betroffenen Fahrzeug auf der Überholspur Überlebende gab. Der Bus einer Hochzeitsgesellschaft wollte den Bus einer anderen Hochzeitsgesellschaft überholen, als er plötzlich so stark abbremste, daß er von einem hinter ihm eingespurten Möbelwagen gerammt wurde, dadurch quer auf die Bahn geworfen wurde und auch von mehreren Autos der rechten Spur getroffen wurde, die sich alle ineinander verkeilten. Es war der größte Unfall, der je an dieser Stelle passiert war, mehr als ein Dutzend Menschen kamen ums Leben, viele wurden schwer verletzt, es gab eine nationale Betroffenheit wie bei einem Flugzeugabsturz.

Der Chauffeur des Busses gehörte zu den Toten, auch die Passagiere unmittelbar hinter ihm, aber die beiden Kinder, die auf dem vordersten Sitz neben dem Chauffeur gesessen hatten, waren durch einen glücklichen Zufall unverletzt geblieben und konnten zum Hergang befragt werden. Was sie aussagten, trieb dem Untersuchungsrichter eine Gänsehaut über den Rükken. Sie sagten übereinstimmend und ohne den geringsten Zweifel, plötzlich sei vor ihnen ein großer Wagen gefahren, ein Heuwagen, von zwei Pferden gezogen, und auf dem Wagen vorn habe ein Mann gestanden, habe seine Peitsche geschwungen und dazu lachend nach hinten geschaut. Der Chauffeur sei sofort auf die Bremse getreten, und sie seien erst wieder erwacht, als man sie aus dem Bus herausgezogen habe.

Als dies bekannt wurde, meldete sich die Sagensammlerin, eine ältere Lehrerin mit einem lebendigen Blick, erneut bei der Polizeidirektion und bat, die Kinder im Beisein des Untersuchungsrichters ebenfalls befragen zu dürfen. Ob sie denn die Geschichte dieser Kleinen glaube, fragte sie der Polizeidirektor. Selbstverständlich, sagte die Lehrerin, sie hätte übrigens schon vor einem Jahr auf diese Möglichkeit hingewiesen. Der Polizeidirektor arrangierte einen Termin mit der Frau und den beiden Kindern, bei dem auch er und der Untersuchungsrichter zugegen waren.

Die Sagensammlerin fand sofort den richtigen Ton mit den Kindern, es waren zwei Brüder im Alter von neun und sieben Jahren, sie ließ sie das ganze nochmals erzählen, und als sie dann die beiden vorsichtig fragte, ob eigentlich auch etwas auf diesem Heuwagen gewesen sei, sagte der ältere, der Heuwagen sei leer gewesen, und er habe vor allem auf den Mann geschaut und auf seinen verrückten Blick. Der jüngere sagte nichts, aber als ihn die Lehrerin noch einmal fragte, sagte er, doch, er habe auch auf den Wagen geschaut, und auf dem Wagen sei etwas gelegen, ein Stein. Was für ein Stein? Wie ein Grabstein, sagte der jüngere. Die Lehrerin nahm nun ein Foto hervor und zeigte es dem Buben: »War es der?« – »Ja«, sagte der Bub, »der war es.« Es war das Foto eines alten Marksteines, der auf der linken oberen Seite ein Loch hatte.

Vermutet hätte sie es gleich, sagte die Sagensammlerin, daß der Roggenbauer wieder umgehe, aber jetzt wisse sie es. Diese Spukgestalt des letzten Jahrhunderts sei so lange erschienen, bis man den Stein wieder auf seinen rechten Platz gesetzt hätte, die Grenze zwischen den Dünnerenäckern und dem Kestenholzer Feld, von dann an sei er nicht mehr gekommen. Beim Bau der Autobahn habe dann dieser Markstein weichen müssen, das Historische Museum Olten habe sich dafür interessiert, und dort könne man ihn besichtigen. Den genauen Ort zu bestimmen, wo der Grenzstein vor dem Straßenbau gestanden habe, überlasse sie den Ingenieuren, sie aber sei überzeugt, daß der Roggenbauer seit der Eröffnung der Autobahn versuche, den Stein wieder an seinen alten Platz zu stellen, und daß alle verunglückten Autos versucht hätten, ihm auszuweichen.

Der Polizeidirektor war etwas verlegen. »Wir werden der Sache nachgehen«, sagte er schließlich und gab dem Vermessungsamt den Auftrag, auf den Zentimeter genau den alten Standort des Grenzsteines zu lokalisieren.

Es stellte sich heraus, daß er früher exakt unter der heutigen Überholspur Richtung Bern gestanden hatte, wo die Katastergrenze zwischen den Dünnerenäckern und dem Kestenholzer Feld verlief.

Der Polizeidirektor berief nun eine Sitzung mit höheren Beamten ein, zu der er auch die Sagensammlerin kommen ließ.

»Wenn Ihre Annahme stimmt«, sagte der Polizeidirektor, »und tatsächlich die verunglückten Automobilisten dieser Heuwagenerscheinung ausweichen wollten, dann müßte man annehmen, daß es zu weiteren Unglücken kommen wird.«

»Ganz bestimmt«, sagte die Lehrerin.

»Sehen Sie eine Möglichkeit«, fragte der Polizeidirektor, »wie man das verhindern kann?«

»Ja«, sagte die Lehrerin, »man muß den Roggenbauern erlösen.«

Die Anwesenden wurden unruhig, der Polizeidirektor hüstelte.

»Und wie kann man ihn denn erlösen?« fragte er mit sichtlichem Ekel vor diesem Wort.

Die Sagensammlerin lächelte.

»Indem man den Stein wieder dorthin stellt, wo er hingehört.«

Alle hatten das kommen sehen, trotzdem ging ein Aufstöhnen durch die versammelte Mannschaft.

»Unmöglich! Irrsinn!« rief ein Bundesbeamter aus Bern, der für den Straßenverkehr zuständig war, »die Autobahn umbauen wegen eines alten Grenzsteins! In welcher Zeit leben wir denn?«

»Wenn wir aber«, versuchte der Polizeidirektor einzulenken, »wenn wir aber den Stein ganz in der Nähe wieder aufstellen, zum Beispiel auf dem Mittelstreifen bei der Leitplanke, drei, vier Meter neben dem ehemaligen Standort? Glauben Sie, daß das etwas nützen würde?«

»Kaum«, sagte die Sagensammlerin, »Geister nehmen es sehr genau.«

Damit war die Sitzung geschlossen.

Die Frage wurde nun in der Regierung des Kantons und in der Landesregierung besprochen, und man fällte einen realistischen Entscheid, nämlich, daß man im technischen Zeitalter, in dem wir nun einmal leben, nicht auf Grund von Spukgeschichten, die im übrigen nur durch Erzählungen kleiner Kinder belegt seien, überstürzte Maßnahmen treffen dürfe, und daß somit eine Geschwindigkeitsbeschränkung auf 100 km die einzige zumutbare Einschränkung sei. Zugleich empfahl man den Autofahrern besondere Vorsicht auf dieser Strecke.

Erst als sich ein halbes Jahr später ein Bus mit einem Altersheimausflug bei einem brüsken Ausweichversuch überschlug und in Flammen aufging, sperrte man die Überholspur endgültig und mauerte den Stein an seiner alten Stelle ein.

Seither sind dort keine Unglücke mehr geschehen. Ob man rechts wieder eine Spur anbauen will, ist noch nicht entschieden, jedoch bei der heutigen Finanzlage wenig wahrscheinlich, und so bleibt es vorderhand bei diesem Ärgernis, das natürlich wie jeder Flaschenhals dauernd zu Stauungen führt, und viele Automobilisten, die an dieser als Baustelle markierten Verengung vorbeifahren und den Stein sehen, schütteln den Kopf und wettern auf die Regierung, andere, wie ich zum Beispiel, empfinden bei diesem Anblick eine ungeheure, fast nicht zu erklärende Befriedigung.

Das Halstuch

Diese Geschichte ist nur wenigen bekannt, denn es wurde alles getan, um sie zu verheimlichen. Trotzdem weiß ich sie. Niemand, dem Geheimnisse anvertraut sind, kann diese ganz für sich behalten, und in Zürich gibt es viele Geheimnisse.

Zürich ist eine große Stadt, nicht an ihren Einwohnern gemessen, sondern an ihrer Wirkung. Hier wird mit Gold und Edelsteinen gehandelt, hier werden tropische Wälder abgesägt und ferne Täler unter Wasser gesetzt, hier werden Bohrinseln auf wilde Meere gepflanzt, Wüsten werden bewässert und neue Wüsten geschaffen, Kredite werden vergeben, die sofort wieder als Zahlungen zurückfließen, weit entfernte Ländereien werden dem Meistbietenden zugeschlagen, Fabriken werden am einen Ort stillgelegt, um am andern Ort wieder zu erstehen, Weizen, Salz und Kaffee werden aufgetürmt, Kanonen und Panzerwagen werden Freund und Feind in die Hand gespielt, Politik wird hier nicht gemacht, sondern bekämpft, durch die verbrüdernde Weltmacht Handel, unter deren Schutz sich in Zürich die Russen mit den Südafrikanern treffen, die Israelis mit den Arabern und die Mafia mit dem Vatikan. Man sieht gar nicht viel davon in der Stadt, wem fallen schon die grauen Lieferwagen auf, die diskret gepanzert zwischen Handwerkerautos und mißmutigen Pendlern in den Kolonnen stehen und eine Tonne Gold vom Flughafen zum Paradeplatz bringen oder ein paar Millionen reingewaschene Dollars vom Paradeplatz zum Flughafen, und die gutgekleideten Männer, die mit den schwarzen Köfferchen durch die Bahnhofstraße gehen, werden rasch vom fröhlichen Strom der Einkaufenden verschluckt, schließlich liegt das größte Spielwarengeschäft keinen Steinwurf von der größten Bank entfernt, und Confiseure, Schuhläden und Warenhäuser tun das übrige, um den wahren Herren von Zürich den natürlichsten Schutz zu geben, den Schutz der Menge. Man spürt nur irgendwie, daß Geld Platz braucht, es mehren sich die hohen Häuser mit spiegelnden Fronten an Plätzen, wo früher schlecht isolierte Miethäuser standen, Autobahnen fressen sich unnachgiebig ins Herz der Stadt, und die Schulklassen werden immer kleiner, denn die Eltern können mit ihren Kindern nicht in den Bürohäusern wohnen, und auch nicht in den sanierten Altstadtapartments, welche den Leuten aus Rio de Janeiro oder Toronto gehören, die ja auch irgendwo zu Hause sein müssen, wenn sie für ihre Abholzungstransaktionen und ihre Turbinenmonopole ein paar Wochen in die Schweiz kommen.

Wie eine Krake sitzt diese Stadt am unteren See-Ende, eine Krake, deren Fangarme in die ganze Welt hinaus reichen, sie gibt und nimmt, und mit dem Geld, das sie nimmt, nimmt sie auch die Unruhe, die Unzufriedenheit, die Ungleichheit, den Unmut der Welt zurück nach Zürich, und dann gehen Erschütterungen durch die Stadt, plötzlich liegt die Bahnhofstraße in Scherben, und niemand kann es sich erklären in diesem schönen und lebenslustigen und durch und durch gesunden Gemeinwesen mit den vielen Tulpenbeeten des Gartenbauamtes. Aber auch diese Erschütterungen legen sich wieder, und die Zeichen der Weltstürme schrumpfen zu den vertrauten kleinen Nachrichten, daß in einem Zimmer des Hilton Hotels ein Libanese ermordet wurde, daß ein italienischer Bankier in Kloten festgenommen worden sei oder daß sich im Bezirksgefängnis ein ausländischer Untersuchungshäftling erhängt habe.

Dieser Untersuchungshäftling war ein älterer Deutscher, den man bei einer sommerlichen Straßenkontrolle verhaftet hatte, weil sein Wagen fast vollständig mit Silberbarren gefüllt war, über deren Herkunft er keine Angabe machen wollte. Man vermutete zunächst, daß eine Verbindung zu einer großen illegalen Silberaffäre bestand, in deren Zusammenhang sich auch ein Zürcher Anlageberater erschossen hatte. Die Untersuchung zog sich, wie die meisten Untersuchungen dieser Art, in die Länge, man erstreckte die Haft, Kollusionsgefahr, wie es hieß, es wurde Herbst, und die Sache wurde nicht klarer, um so mehr als der Verhaftete jede Aussage ablehnte, und am ersten Adventssonntag erhängte sich also der Deutsche in seiner Zelle. Selbstmord in Untersuchungshaft ist zwar bei der Justiz wegen der schlechten Wirkung auf die Öffentlichkeit nicht beliebt, wird aber in einer Angelegenheit wie dieser doch mit einer gewissen Erleichterung zur Kenntnis genommen. Wohl bleibt der Fall ungeklärt, aber er verliert mit dem Tode des Häftlings an Aktualität, es ist nichts mehr da, das zu Entscheidungen drängt, und wenn keine Folgeereignisse eintreten, kann man ihn samt seinem düsteren Umfeld nach und nach in Vergessenheit geraten lassen.

Es waren denn auch einige Jahre seit dem Tod dieses Mannes vergangen, als die Rede im Gespräch auf ihn kam, einem Gespräch, das ich mit einem Staatsanwalt in dessen Amtszimmer führte. Der Staatsanwalt war ein Jugendfreund von mir, ich hatte ihn an diesem Tag wegen eines Delikts aufgesucht, das in meiner Nachbarschaft begangen worden war und in dem er ermittelte.

Als ich ihm erzählt hatte, was ich ihm erzählen wollte, plauderten wir noch eine Weile über unsere Tätigkeiten und Ansichten, und ich fragte ihn unter anderem, was ihn in seinem Beruf am meisten belaste. Ich dachte eigentlich, es sei die ständige Beschäftigung mit den schlechten Seiten der Menschen oder der Gedanke an die Nutzlosigkeit des Kampfes für das Recht, aber es war etwas ganz anderes: »Das Unaufgeklärte«, sagte er ohne zu zögern, »das Unaufgeklärte.« Er habe, sagte er weiter, einen ganzen Schrank davon, und griff sogleich zu einem Schlüssel, um ihn zu öffnen. Er enthielt im unteren Teil Hängeregistraturen, darüber Aktenbündel und einige vereinzelte Gegenstände, die alle mit unaufgeklärten Fällen zu tun hatten, eine Brieftasche war dabei, ein abgerissener Koffergriff, ein altes Velonummernschild, ein Klassenfoto, Kleinkram, der aber dadurch, daß jedes Stück in Beziehung zu einem Verbrechen stand, eine eigenartige Ausstrahlung hatte, die Gegenstände lagen fast vorwurfsvoll auf ihren Regalen.

»Was ist mit dem Halstuch?« fragte ich und zeigte auf ein rot-weiß-blaues Halstuch, das neben einer zertrümmerten Schreibmaschine lag. Der Staatsanwalt stockte einen Moment, bevor er mir antwortete.

»Damit hat sich einer in der Untersuchungshaft erhängt«, sagte er dann.

»Und was ist daran unaufgeklärt?« fragte ich weiter.

»Alles«, sagte er schnell. »Ich konnte mir nie recht erklären, warum er sich umgebracht hatte.«

Dann erzählte er mir kurz die Umstände der Verhaftung und des Verdachts.

»Was wußtet ihr denn über den Mann?« fragte ich.

»Nichts«, sagte er. »Ein Deutscher mit einem Ausweis auf den Namen Rehmann, der gefälscht war. Seinen wirklichen Namen haben wir nicht herausgekriegt, aber ich bin sicher, daß es einer war, der eine Vergangenheit hatte.«

Ich schaute das Halstuch an, wagte jedoch nicht, es in die Hand zu nehmen.

»Daß man sich mit so etwas erhängen kann«, sagte ich.

»Ja«, sagte er, »das hat mich auch verwundert.«

Auf dem Weg nach Hause kam mir plötzlich in den Sinn, daß ich früher einmal selbst ein solches Halstuch besessen hatte. Ich hatte es in Frankreich gekauft, in Südfrankreich, in Avignon, auf unserer Maturreise, vor mehr als zwanzig Jahren. Es gab dort einen Warenmarkt, auf dem man vom Tongeschirr bis zur Anglerausrüstung alles haben konnte, und dort hatte eine Frau einen Stand, die ausschließlich Halstücher verkaufte. Es war ein kleiner Stand, aber er fiel auf durch die Beschränkung auf den einen Artikel. Alle ihre Halstücher sahen genau gleich aus, und bei allen war am einen Ende ein kleiner Elefant gestickt, eine Art Markenzeichen der Marktfrau. Ich hatte dieses Halstuch für kurze Zeit getragen und hatte es dann meiner ersten großen Liebe geschenkt, als ich sie einmal vom Kino nach Hause brachte. Sie fror, und ich legte ihr das Halstuch um und fragte nachher, ob sie es nicht behalten wolle, und sie freute sich darüber, ich fast noch mehr, jetzt hast du mich immer am Hals, sagte ich, und sie lachte und sagte, nur wenn ich will.

Später wollte sie dann nicht mehr, sie ging nach Amerika und heiratete einen Schönheitschirurgen, was ich ihr irgendwie übelnahm, und dann verloren wir uns aus den Augen.

Seltsam, wie einem in der Erinnerung auch wieder ganze gesprochene Sätze in völliger Klarheit hochkommen, und wie verletzte Gefühle nie ganz heilen. Ich dachte wieder viel an dieses Mädchen und an die Zeit nach dem Abschluß der Mittelschule, und ich merkte, daß ich mich immer wieder fragte, was wohl aus dem Halstuch geworden sei, ob es noch eingemottet in einem Kleiderschrank ihrer Eltern hänge oder ob es schon längst in einem karitativen Altkleidersammelsack nach einem Erdbebengebiet geschickt worden sei und jetzt vielleicht einen serbischen Bauern vor der Morgenkälte schütze, oder ob sie es, und dieser Gedanke entfesselte meine ganze Sentimentalität, ob sie es etwa noch trage.

Ich wollte es wissen. Die Eltern des Mädchens wohnten immer noch am selben Ort, ich telefonierte dorthin und bat sie um die Adresse in Amerika, die Mutter war, wie mir schien, gerührt über meinen Anruf und ließ durchblicken, daß die Tochter nicht allzu glücklich verheiratet sei, was ich sofort glaubte, jeder Mann ist überzeugt, daß seine früheren Freundinnen unglücklich verheiratet sind.

Jedenfalls schrieb ich dieser Freundin einen langen, von Pubertät und Nostalgie nicht ganz freien Brief und fragte sie darin auch, was eigentlich aus dem Halstuch mit dem kleinen Elefanten geworden sei. Der Elefant darauf hatte ihr nämlich speziell gefallen.

Am selben Tag, an dem ich den Brief abgeschickt hatte, traf ich in einer Theaterveranstaltung den Staatsanwalt und sagte ihm, er solle doch einmal in dem bewußten Schrank nachschauen, ob auf dem Halstuch ein kleiner Elefant aufgestickt sei.

Am andern Morgen rief er mich schon um acht Uhr an. Der Elefant war vorhanden.

Was ich über das Halstuch denn wisse, fragte mich der Staatsanwalt ziemlich unruhig.

»Es kommt aus Südfrankreich«, sagte ich.

»Ach«, sagte er, »das meinst du. Wegen der französischen Nationalfarben, das haben wir uns auch gedacht. Aber wieso Süd?«

»Wegen des Elefanten«, sagte ich.

Mehr wollte ich ihm nicht sagen, und genau genommen wußte ich auch nicht mehr. Von diesen Halstüchern mußte es Hunderte geben, und ich konnte nur sagen, daß sie auf dem Markt in Avignon vor über zwanzig Jahren verkauft wurden. Vielleicht wurden sie heute noch verkauft, da müßte man einmal hingehen und schauen.

Bald kam aus Denver, Colorado, ein langer, auch leicht melancholischer Brief zurück, in dem mir meine frühere Freundin ihre jetzigen Lebensumstände schilderte (die Andeutung ihrer Mutter bestätigte sich), und zuletzt schrieb sie mir auch, daß sie mein Halstuch seinerzeit nach Amerika mitgenommen habe, daß sie es dann aber einer Freundin, die sie dort kennengelernt habe, geschenkt habe, als diese nach ihrer Ausbildung zurück in die Schweiz gefahren sei;

diese hätte es trotz der Flecken vom Langlaufwachs, die ja nie ganz verschwunden seien, sehr gern genommen, habe es damals wohl auch ein kleines bißchen als Talisman betrachtet, und sie könne mir gern die Adresse dieser Freundin geben, da ja kein Geheimnis damit verbunden sei. Zu meinem Erstaunen folgte dann der Name der Kinderärztin, die meine beiden Buben betreute.

Ich erinnerte mich jetzt auch wieder an die Sache mit den Wachsflecken. Im Winter waren wir einmal zusammen ein paar Tage in einer Skihütte in den Ferien, ich machte damals schon Langlauf, als es noch kein Volkssport war, und hatte ein Paar Holzbretter, auf die ich nach jedem Lauf einen neuen Grundbelag strich. Einmal war dieser Belag noch nicht ganz trocken, als ich die Ski auf die Schulter nahm, und mein Halstuch bekam in der Nähe des Elefanten einige braune Flecken ab, die sich als sehr zäh erwiesen.

Als ich jetzt den Hörer abhob, um den Staatsanwalt anzurufen, merkte ich, daß meine Hand zitterte. Bis jetzt war ich einer unbestimmten, eher spielerischen Vermutung gefolgt, aber wenn es sich erweisen sollte, daß das Halstuch im Schrank an derselben Stelle braune Flecken hatte, dann hatte sich der unbekannte Deutsche mit *meinem* Halstuch erhängt, dann gab es eine Kette von ihm zu mir. Das war aber so absurd, daß ich es sofort dementiert haben wollte und die Nummer des Staatsanwaltes einstellte.

»Was weißt du über dieses Halstuch?« fragte er mich, nachdem ich meine Frage gestellt hatte.

»Sind braune Flecken drauf oder nicht?«

Der Staatsanwalt stand auf und schaute nach. Dann kam er zurück zum Telefon.

»Ja«, sagte er, »es sind braune Flecken drauf, aber was –«

»Um Gottes willen«, sagte ich und hängte auf.

Am Abend besuchte mich der Staatsanwalt und machte ein besorgtes Gesicht.

»Du solltest mir alles sagen, was du über dieses Halstuch weißt«, sagte er.

»Hast du mir alles gesagt, was du darüber weißt?« fragte ich ihn.

Er zögerte. »Nein«, sagte er dann, »das kann ich nicht.«

»Dann kann ich es auch nicht«, sagte ich, und damit war unsere Unterredung beendet.

Erst nachher überlegte ich mir, warum ich ihm eigentlich nichts sagen wollte. Ich hatte keinen Grund, ihm irgend etwas zu verbergen, denn schließlich hatte ich nichts mit diesem Selbstmord zu tun, außer daß ich am Anfang einer Kette zu stehen schien, von der ich nicht alle Teile kannte, ja gerade die wichtigsten fehlten mir. Aber nun wollte ich die Wahrheit erfahren, und ich spürte, daß er mir für diese Wahrheit Dinge preisgeben mußte, die er nicht preisgeben durfte, es sei denn, auch ich hätte ihm ein Geheimnis anzubieten, und halb war ich ja schon im Besitze eines Geheimnisses. Es fiel mir auch auf, wie recht er hatte mit der Belastung durch das Ungelöste. Obwohl ich mir persönlich nichts, aber auch gar nichts von der Klärung der Umstände versprechen konnte, mit denen ich nur durch einen Zufall etwas zu tun hatte, lag mir plötzlich alles daran, herauszubekommen, was mit diesem Halstuch geschehen war.

Bevor ich mich mit der Kinderärztin in Verbindung setzte, versuchte ich mich nochmals an alle Erlebnisse zu erinnern, die mit diesem Halstuch zusammenhingen, und da tauchte gleich am Anfang etwas auf, das ich bisher vergessen hatte. Die Frau, die hinter diesem Stand saß, die Frau hatte einen sehr eindringlichen Blick gehabt, grauhaarig war sie gewesen, aber ihre Augen waren nicht alt, vielleicht war sie damals etwa fünfzig, und sie hatte mir etwas Besonderes gesagt, als ich das Halstuch gekauft hatte, sie hatte es mir selbst um den Hals gelegt, und was zum Teufel hatte sie dann gesagt, als sie mich dazu anschaute, der Französischlehrer, der die Reise begleitete und beim Kauf danebenstand, erwähnte es nachher nochmals halb scherzhaft halb lehrhaft der Klasse gegenüber, weil eine ungewöhnliche Form vorgekommen war... was waren denn die ungewöhnlichen Formen im Französischen, die uns als Schüler Mühe gemacht hatten... der Subjonctif – ja, da war es wieder: »Qu'il aille chercher son maître!« hatte sie gesagt, es möge seinen Meister suchen, das Halstuch, und als ich dann, witzig, sagte: »Il l'a déjà trouvé«, es hat ihn schon gefunden, da sagte sie: »Est-ce que vous en êtes sûr, jeune homme?« Sind Sie da so sicher, junger Mann?

Sollte diese Frau mit ihrem tiefen Blick vorausgesehen haben, daß dieses Halstuch der Anfang einer Kette werden sollte, wünschte sie sogar eine solche Kette, war sie am Ende mehr interessiert an der Kette als am Halstuch selbst, verfolgte sie eine bestimmte Absicht damit? Nie wieder hatte ich auf irgendeinem Warenmarkt einen Stand gesehen, an dem jemand nur

Halstücher verkaufte, wahrscheinlich konnte man davon gar nicht leben.

Nun rief ich die Kinderärztin an und fragte, ob ich gegen Schluß der Sprechstunden vorbeikommen könne. Sie hatte nichts dagegen, und am selben Nachmittag setzte ich mich bei ihr auf den Patientenstuhl, der wohl eher der Stuhl für die Mütter war, und sagte ihr, daß ich erst seit kurzem wüßte, daß wir eine gemeinsame Freundin hätten, erzählte ihr von meiner früheren Beziehung und fragte sie dann, ob sie sich noch an dieses Halstuch erinnere. Die Ärztin war zuerst erfreut gewesen, als ich ihr den Namen genannt hatte, man ist meistens erfreut, wenn eine Bekanntschaft überraschend über einen andern Menschen zurückkommt, man lebt ja in seinen eigenen Beziehungen wie in einem Straßennetz, das man nie ganz kennt – aber als ich das Halstuch erwähnte, wurde sie verlegen.

»Sie haben es weitergegeben, nicht?« fragte ich vorsichtig.

»Ja«, sagte sie, »ja, ich habe es jemandem gegeben.«

»Darf ich fragen, wem?«

Sie überlegte einen Augenblick, schaute mich dann an und sagte: »Nein. Wir kennen uns zu wenig. Ich kann es Ihnen nicht sagen.«

Wieder jemand, der ein Geheimnis hatte. Als sie mich fragte, warum ich das denn wissen wolle, sagte ich, es gehe um einen Menschen, der sich mit diesem Halstuch aufgehängt habe, und es interessiere mich einfach, wie das Halstuch bis zu ihm gekommen sei. Sie verlor etwas Farbe, als sie mich jetzt fragte, wer sich denn damit aufgehängt habe.

»Ein Untersuchungshäftling«, sagte ich.

»Oh«, sagte sie und hielt sich die Hände vor die Lippen.

Doch auch als ich ihr sagte, daß ich die Umstände nur für mich selber und nicht für die Öffentlichkeit oder in irgendeinem Auftrag klären wollte, blieb sie bei ihrer Haltung und sagte mir nichts.

Aber eigentlich wußte ich genug. Offenbar war es diesem Halstuch bestimmt, über Freundschaften und Liebesgeschichten seinen Weg zu finden, und das hier mußte eine große Liebesgeschichte sein, und sie mußte jemanden betreffen, der mit Untersuchungshäftlingen zu tun hatte, denn die Angst, ihr Geliebter könne schuld sein an einem Todesfall, war der Ärztin deutlich anzusehen gewesen. Aber wer? Ob der Deutsche schon einen Verteidiger gehabt hatte? Noch einmal telefonierte ich mit meinem Freund, dem Staatsanwalt, aber zu meiner eigenen Überraschung fragte ich ihn etwas ganz anderes, nämlich ob er mir nicht ein Bild von dem Mann geben könne.

Als er mich fragte, wozu, sagte ich sehr bestimmt, wenn ich ein Bild von ihm habe, dann könne ich ihm auch sagen, wer er gewesen sei und weshalb er sich umgebracht habe.

Der Staatsanwalt schwieg eine Weile. »Gut«, sagte er dann, »gut, ich schick dir eins. Aber sei vorsichtig, wenn du nach Frankreich fährst.«

Ja, das hatte ich vor. Ich hatte das Gefühl, wenn ich einmal den wirklichen Ursprung des Halstuchs kenne, dann sei auch das letzte fehlende Glied in der Kette kein Problem mehr.

Die nächsten freien Tage, die ich mir organisieren

konnte, benützte ich dazu, nach Avignon zu reisen, nachdem ich mich vorher beim dortigen Verkehrsbüro erkundigt hatte, ob die Warenmärkte immer noch abgehalten würden. Jeden Samstag, sagte man mir, und so fuhr ich an einem Freitag hin.

Natürlich gab es den Stand mit den Halstüchern nicht mehr, aber ich mußte nur dreimal fragen, bis mir eine Frau an einem Nougat-Stand Auskunft geben konnte. »Mais oui, la Josefine«, sagte sie und nannte mir den Namen eines kleinen Dorfes, das ziemlich weit außerhalb von Avignon lag. Immer sei sie mit ihren Halstüchern auf den Markt gekommen, seit dem Krieg, jetzt komme sie aber schon lang nicht mehr, einmal habe sie gehört, sie sei krank, aber ob ich nicht ein paar Nougat-Stengel wolle? Ich kaufte ein Dutzend, dankte ihr und erkundigte mich dann nach einer Fahrgelegenheit zu diesem Dorf.

Am Nachmittag gab es einen Bus dorthin, ich war eine halbe Stunde zu früh am Bahnhofplatz, von wo er abfuhr, stieg schon ein und schaute durch das Fenster dem Treiben vor dem Bahnhof zu, betrachtete die Leute, die nach und nach einstiegen, vor allem Frauen mit Einkaufstaschen und Plastiksäcken, die sie meistens auf den Sitz neben sich legten, denn der Bus war nicht voll, eine hatte sogar einen Besen gekauft. Kurz vor der Abfahrt, nachdem der Buschauffeur schon durch die Reihen gegangen war und alle ihr Fahrtziel genannt und ihr Billett bezahlt hatten, stieg eine Frau ein, Mitte vierzig vielleicht, musterte mit einem knappen Blick alle Fahrgäste und setzte sich dann auf den Platz neben mich. Als der Bus fuhr, fragte sie mich, ob ich es sei, der die Josefine suche. Ich erschrak ein bißchen. Ja, sagte ich dann, das sei ich, ob sie sie kenne.

»Bien sûr«, sagte sie, »c'est ma mère.« Ich sagte, daß mich das sehr freue, und wie es ihr gehe, aber sie sagte nun während der ganzen Fahrt nichts mehr.

Das Dorf, welches das Ziel meiner Reise war, war sehr klein, der Bus hielt auf einem Plätzchen bei einem Bistro, vor dem trotz des kalten Märzwetters bereits ein paar Männer im Freien saßen, an kleinen Tischchen, und Bemerkungen machten über die Leute, die ausstiegen, es fiel natürlich auf, daß Josefines Tochter mit einem Fremden kam, aber ich verstand nicht, was ihr der kleine alte Dicke zurief, der grinsend mit den Fingern auf die Tischplatte trommelte.

Sie werde mich zu ihrer Mutter führen, sagte die Frau und ging mit mir die Dorfstraße hoch und zum Dorf hinaus; es lag an einem Hügelzug, der eine Art Vorterrasse zum Bergzug im Hintergrund bildete, auf dem noch Schnee lag. Außerhalb des Dorfes sah man kein Haus mehr, und ich wunderte mich, wo die Mutter wohl wohnen mochte. Erst als die Tochter das Tor zum Friedhof aufstieß, wußte ich Bescheid.

Die neueren Gräber lagen beim Eingang, die älteren Gräber weiter hinten, wir gingen zu den älteren, wo sich die schmiedeisernen Kreuze mit den ovalen braunen Bildern der Verstorbenen schon etwas zu neigen begannen. Wir machten halt vor einem Marmorstein. Drei Namen standen darauf:

François Houdayer	1940 – 1943
Marcel Houdayer	1911 – 1944
Josefine Houdayer	1910 – 1976

In diesem Marmorstein war auf der rechten Seite über den Namen eine Nische eingelassen, und in dieser Nische stand, ebenfalls aus Marmor, eine französische Fahne, blau-weiß-rot bemalt, und in die untere Ecke der Fahne war ein kleiner, schwarzer Elefant gemeißelt.

Was mir die Tochter nun erzählte, läßt sich etwa so zusammenfassen: Das Ehepaar Houdayer hatte zwei Kinder, sie, Stephanie, 1938 geboren, und den kleinen François, 1940 geboren. Bei Ausbruch des Krieges war Marcel Houdayer Bürgermeister des Dorfes, einer der jüngsten übrigens in der Gegend, und nach der Kapitulation der französischen Armee ging er in den Maquis. Er war der Anführer einer großen Partisanengruppe, alles Leute aus der Umgebung. Nachdem sie einmal einen deutschen Munitionstransport überfallen und in die Luft gesprengt hatten, erschien ein SS-Kommando im Dorf, die jungen Männer waren weg, alle Frauen und Kinder und die Alten mußten sich hier vor der Friedhofmauer versammeln, und dann erschossen sie den kleinen François und zogen wieder ab. Der Vater kam ein Jahr später bei einem Gefecht mit einer deutschen Patrouille ums Leben, und die Mutter blieb nun allein mit ihrer Tochter. Sie war eine außergewöhnliche Frau, sie konnte manche Krankheiten durch Handauflegen heilen, und die Leute der Gegend vertrauten ihr mehr Geheimnisse an als dem Beichtvater. Ihr ganzes Leben lang aber wollte sie den Tod ihres Kindes rächen. Sie war sicher, daß der Mörder noch lebte, sie würde es fühlen, wenn er sterbe, hatte sie immer gesagt. Von Nachforschungen hielt sie nichts, sie werde ihre eigenen Boten aussenden, sagte sie, einer davon werde ihn aufspüren, und sie begann diese Halstücher zu weben, jede Nacht, und niemand durfte sie dabei stören, weil sie den Tüchern während der Arbeit zusprach und ihre Kraft auf sie zu übertragen suchte. Fast wie man auf einen Suchhund einrede, so habe sie jeweils mit den Halstüchern gesprochen, hätte sie auch gestreichelt und sogar geküßt, wenn sie jeweils den Elefanten aufgestickt habe.

»Warum der Elefant?«

Elefanten vergessen nie, habe die Mutter immer gesagt, 1976 sei sie dann gestorben, eine Lungenentzündung habe sie sich geholt auf dem Markt drunten, aber sie habe noch gesagt, sie werde es uns wissen lassen, wenn der Mörder sein gerechtes Ende gefunden habe. Das war drei Jahre später, nicht wahr? Und Sie kommen deswegen.

Ja, sagte ich, ja, ich komme deswegen, aber woher sie wisse, daß es 1979 gewesen sei.

»Die Pflanze«, sagte sie, »die Pflanze«, und zeigte auf einen Seidelbast, der jetzt auf dem Grab blühte und duftete, »die Mutter wünschte sich diese Pflanze aufs Grab, weil sie den Frühling ankündigt, und drei Jahre lang blühte sie nicht. Als sie im Frühling 1980 zu blühen begann, war ich sicher, daß François' Tod gerächt war.«

»Haben Sie den Mann gesehen, der schoß?« fragte ich.

Ihre Augen füllten sich mit Tränen. »Ich war fünf Jahre, aber ich würde ihn heute noch kennen, auch wenn er vierzig Jahre älter ist, sein schmales Gesicht mit dem harten Blick. Es war furchtbar.«

Als ich ihr das Foto zeigte, krallte sie ihre Hand in meinen Arm und wandte sich ab. Sie schluchzte und nickte und lachte gleichzeitig.

»Sind Sie sicher«, fragte ich sie nach einer Weile.

Sie schaute nochmals auf das Bild und sagte, absolument.

»Dann ist es gut«, sagte ich und erzählte ihr, was ich über den Tod des Mannes wußte.

Und ich, was ich damit zu tun habe, fragte sie mich.

»Ich habe vor zwanzig Jahren bei Ihrer Mutter das Halstuch gekauft, mit dem er sich aufgehängt hat«, sagte ich, »und dann hat es seinen Weg zu ihm selbst gefunden.«

Stolz mischte sich in ihre Erregung, und als wir vom Friedhof wieder zum Dorf hinuntergingen, strahlte sie eine große Ruhe und Zufriedenheit aus. Auf halbem Weg kam uns der Pfarrer entgegen und blickte uns beide sehr eigenartig an, ich dachte, ich sollte vielleicht auch mit ihm sprechen, aber sie zog mich weiter.

Ob ich bleiben wolle, fragte sie, oder ob ich den Bus zurück nehmen wolle, der in einer Viertelstunde fahre. Sie schaute mich beim zweiten Satz fast bittend an, und ich wollte plötzlich so schnell wie möglich weg.

Wir standen zusammen auf dem Dorfplatz und schwiegen, vom Bistro herüber schauten uns die alten Männer an, der kleine Dicke trommelte immer noch mit den Fingern und sang dazu einen stets gleichen Kehrreim. Dann kam der Bus, ich gab der Frau die Hand, nachher sah ich, daß sie mir eine Seidelbastblüte hineingelegt hatte.

Zwei Tage später läutete ich am Nachmittag beim Pfarrhaus eines kleinen Dorfes im Thurgau. Bei der kurzen Begegnung mit dem Pfarrer des südfranzösischen Dorfes war mir mit einemmal aufgegangen, daß es nur der Gefängnisgeistliche sein konnte, der dem Häftling das Halstuch gegeben haben mußte, und daß dies die Bekanntschaft war, welche die Kinderärztin nicht erwähnen wollte. Der damalige Gefängnisgeistliche war der jetzige Pfarrer dieser Thurgauer Gemeinde, der nun unter dem Türrahmen stand und fragte, was er für mich tun könne.

»Sie haben doch damals«, sagte ich, als ich ihm in seinem Arbeitszimmer gegenübersaß und mich vorgestellt hatte, »diesem Deutschen Ihr Halstuch gegeben, mit dem er sich später erhängte?«

Der öffnete ratlos den Mund, sagte aber nichts.

»Es würde mich nur interessieren, warum Sie es ihm gegeben haben«, sagte ich.

Erst als ich beifügte, daß das Halstuch früher mir gehört hatte und daß mir darum die Sache ebenso nahe gehe wie ihm, der ja offenbar deshalb seine Stelle gewechselt habe, war er bereit, mir etwas zu erzählen.

»An jenem Sonntag«, sagte er, »hatte ich eigentlich meine Besuche beendet und war schon am Gehen, als mir der Verwalter sagte, Rehmann wolle eine Beichte ablegen, und da er bisher mit niemandem habe sprechen wollen, sei es vielleicht wichtig, daß ich hingehe. Ich war bereits im Mantel und ging so in seine Zelle. Nachdem er gebeichtet hatte, sagte er plötzlich: ›Mich friert so.‹ Ich weiß, daß es nicht erlaubt ist, Häftlingen etwas zu geben, schon gar nicht ein Kleidungsstück, aber irgendwie konnte ich nicht anders als ihm mein Halstuch anzubieten. Es kam dazu, daß seine Beichte außerordentlich schwer gewesen war und ich das starke Bedürfnis hatte, ihm auf eine Art zu helfen, und so gab ich ihm einfach mein Halstuch. Er nahm es sehr dankbar an.«

»Hat er Ihnen den Mord an einem Kind gebeichtet?«

Der Pfarrer fuhr zusammen.

»Ich darf es Ihnen nicht sagen«, sagte er leise.

»Aber Sie können nicken«, sagte ich.

Der Pfarrer schaute mich an. Dann nickte er.

Am nächsten Tag saß ich gegen Abend im Büro des Staatsanwalts. Der Schrank mit den ungelösten Fällen war geöffnet, vor uns auf dem Schreibtisch lag das Halstuch, mein Halstuch, wie ich jetzt mit eigenen Augen sah.

»Und?« fragte er, »wer war er?«

»Ein früherer SS-Mann«, sagte ich.

»Hab ich mir fast gedacht«, sagte er, »wahrscheinlich stammten seine Silberbarren aus konfisziertem jüdischem Gut aus dem Krieg. Alle, die übriggeblieben sind von diesen Mannschaften, halten noch immer zusammen, die alte Odessa-Linie. Und was ist mit dem Halstuch?«

»Der Anstaltspfarrer hat es ihm gegeben«, sagte ich nicht ohne Stolz auf meine Enthüllung.

»Das weiß ich längst«, sagte er, »wir hatten ihn zuerst sogar unter Verdacht, aber die Zeit von Rehmanns Tod stand fest, und sein Alibi war unumstößlich. Ich meine, was ist mit dem Ursprung des Halstuchs?«

Nun erzählte ich ihm alles, was ich wußte, den Weg, den das Halstuch gegangen war, und das, was ich in Südfrankreich darüber erfahren hatte. Als ich geendet hatte, schwieg er zuerst. Er schien sehr beeindruckt. Dann sagte er: »Weil du mir alles erzählt hast, erzähle ich dir auch alles, obwohl ich es nicht tun dürfte. Aber ich weiß erst jetzt, daß ich das, was ich damals gesehen habe, wirklich gesehen habe.«

»Warum?«

»Daß sich Rehmann erhängt hat, ist die offizielle Version, aber nicht die Wahrheit.«

»Wieso das?«

»Weil die Wahrheit so unerklärlich und unwahrscheinlich war, daß ich sie nicht bekanntgeben konnte. Als ich damals die Zelle betrat, sah ich sofort, daß ein Selbstmord unmöglich war. Rehmann war nicht am Fensterkreuz aufgehängt, sondern er lag erdrosselt am Boden, erdrosselt mit diesem Halstuch, und ich kann dir sagen, daß ich weder vorher noch seither jemals den Ausdruck eines solchen Schreckens auf dem Gesicht eines Toten gesehen habe. Unsere besten Leute suchten während Wochen nach dem Mörder. Niemand sah auch nur die geringste Möglichkeit, daß irgend jemand nach dem Pfarrer die Zelle noch betreten haben konnte, und so mußte ich diesen Fall schließen mit einer Annahme, mit der ich mich nicht an die Öffentlichkeit gewagt habe. Jetzt erst weiß ich, daß sie wahr ist. Man sah schon an der Haltung der Hände, daß ein Kampf stattgefunden haben mußte, ein verzweifelter Kampf zwischen dem Ermordeten und seinem Mörder, ein Kampf, in dem er sich noch mit seiner ganzen Kraft gewehrt hat, gegen etwas, das stärker war als er, stärker, weil es nicht eigentlich ein Mörder war, sondern ein Richter.«

»Und wer war dieser Richter?« fragte ich.

»Das Halstuch«, sagte der Staatsanwalt, »das Halstuch ganz allein.«

Dann stand er auf, nahm das Halstuch sehr sorgfältig in seine Hände, legte es zwischen die ungelösten Gegenstände auf das Regal und schloß den Schrank wieder ab.

Der Langläufer

Er versuchte noch etwas zu beschleunigen. Er hatte geglaubt, als er gegen Abend aus der Waldroute abbog, er sei der großen Masse der Läufer entronnen, aber jetzt, da er ins Tal kam, hörte er wieder das bekannte Knirschen hinter sich, zusammen mit dem leicht klingelnden Geräusch der einsetzenden Stockspitzen. Es ärgerte ihn, daß um diese Zeit, wo die meisten den Sammel- und Ausgangsplätzen zuliefen, noch jemand die Idee hatte, ins Tal hinauf zu gehen, es war schon schattig, und die Loipe stieg an, man brauchte Ausdauer, wenn man in dem Tempo weitergehen wollte, das er jetzt angeschlagen hatte. Er wollte in dem Tempo weitergehen, er wollte sich nicht überholen lassen, er wollte die Loipe so frei vor sich sehen wie jetzt, er hatte begonnen, Langlauf zu machen, weil er menschenleere Flächen durcheilen wollte, und war erschrocken gewesen über die Menschenmassen, die sich auf den zwei Spuren ausbreiteten, wo das Überholen fast in gleich wenigen Momenten möglich war wie auf der Autostraße. Vor allem hatte ihn die eigentlich erfreuliche Tatsache, daß diese Sportart auch für alte Leute möglich war, mit einem eigenartigen Widerwillen erfüllt, wenn er sah, wie viele halb mumifizierte Kolonnen sich hier mühsam von einem Hügelchen zum nächsten schoben, oder wenn er, die talwärts führende Spur hinunterfahrend, die ältlichen Schweißschwaden der Hinaufkeuchenden durchpflügte. Deshalb wohl war er jetzt abgebogen, und deshalb wollte er sich auf keinen Fall überholen lassen, auch wenn das Knirschen hinter ihm näherkam. Er konnte mit den Beinen nicht mehr wesentlich schneller laufen, eigentlich war es ihm immer rätselhaft, wie jemand schneller sein konnte als er. Er gab noch mehr Druck auf die Stöcke, was ihn zwar am linken Ellbogen ziemlich schmerzte und auch an der Hand, er war gestern hingefallen, aber er wollte niemanden vor sich sehen, es war schön hier, der Bach links war fast zugefroren, und auf den Bäumen des Waldes lag frischgefallener Schnee. Er kam nun sehr stark ins Schwitzen, öffnete während eines ganz kurzen Gefälles auch seine Windjacke, bevor er wieder den Anstieg anging, in einer leicht hüpfenden Art, die er sich angeeignet hatte, indem er sich vorstellte, einen Langläufer nachzumachen. Gleichzeitig wurde es kälter, und er spürte, wie sein Barthaar an verschiedenen Stellen durch Eisklumpen zusammengezogen wurde. Er keuchte schon sehr heftig, und sein Gegner, nach dem er sich nicht umdrehte, mußte in äußerst geringem Abstand hinter ihm sein, die Tatsache, daß er nicht überholen konnte, war ermutigend. Die Steinhütte, welche den ersten Drittel des Tales markierte, lag hinter ihm, während des Tages sah man dort viele, die rasteten, aber jetzt war niemand mehr dagewesen. Eigentlich hatte er nur bis zur Hütte gehen wollen, denn die Dämmerung nahm rasch zu, aber nun war das Rennen aufgenommen, und er wollte es erst aufgeben, wenn er überholt würde. Im Wäldchen, durch das die Spur jetzt führte, war es schon fast dunkel, hier kamen auch die ersten Stücke, die so steil waren, daß er nicht mehr geradeauf laufen konnte wie die ganz guten Läufer, die im Gegensatz zu ihm immer auch ganz gute Wachskünstler waren, und er mußte sich mit gespreizten Skis hocharbeiten, das war ärgerlich, seine Langlaufskis hatten keine Kanten, er rutschte zwei-, dreimal, aber seinem Verfolger schien es nicht besser zu gehen. Er hatte Mühe, nachher seinen Rhythmus wiederzufinden, und dachte schon daran, stehenzubleiben und den andern passieren zu lassen, aber dann kam eine offene Stelle, eine leichte Senke, und dann die Brücke, auf der man den Bach überquerte, und er wußte, daß das die Hälfte des Tales war, und gewann noch einmal Kraft aus diesem Gedanken. Kurz danach merkte er aber, daß er nicht mehr lange widerstehen konnte. Die Luft war so eisig, daß er schon fast husten mußte, er hatte starkes Hüftweh vom dauernden Abstoßen, der Ellbogen brannte ihm, und in beiden Lungen war ein entsetzliches Stechen und ging nicht mehr weg. Bis zu den Alphütten wollte er es noch aushalten, bis zu den beiden Alphütten, die so flach waren, als wären es bloß zwei Bodenerhebungen. Die Skispitzen seines Feindes mußten jetzt genau hinter seinen Skienden sein, er spürte schon die ganze Bewegung hinter sich, hörte das Einschlagen der Stockspitzen und das Keuchen von einem, der auch seine ganze Kraft brauchte, um ihn zu erreichen. Noch zehn Schritte, noch fünf Schritte, er durfte sich nicht überholen lassen, nein, bei den Alphütten hatte er für sich die Ziellinie gezogen, noch einen Schritt, ja, da war er, er konnte nicht mehr weiter, auf gar keinen Fall, er hörte auf zu gehen, stützte sich mit den Achselhöhlen auf seine beiden Stöcke, schaute zurück, und sah, daß hinter ihm niemand war.

Dann erst brach er zusammen.

Der Flug

Der Beamte bei der Gepäckabfertigung bat mich zuerst, auch mein Handgepäck auf die Waage zu legen. Als ich zu widersprechen wagte, schaute er mich durchdringend an, und ich merkte, daß er nur ein Auge hatte. Das verwirrte mich so, daß ich mein Handgepäck auf die Waage legte. Der Beamte war nicht zufrieden. Sie haben, sagte er, nicht genügend Übergepäck, legen Sie Ihren Mantel auf die Waage. Ich schaute ihn wieder an und bemerkte, daß er einen Eckzahn hatte, der so weit vorstand, daß er die Unterlippe verletzte, die dauernd leicht blutete.

Ich legte meinen Mantel auf die Waage. Jetzt noch die Schuhe, sagte der Mann. Ich schaute ihn nicht mehr an, zog die Schuhe aus und legte sie auf die Waage. Jetzt haben Sie genügend Übergepäck, sagte der Mann auf englisch, gehen Sie an die Kasse und bezahlen Sie es, Ihren Mantel und die Schuhe bekommen Sie am Ankunftsort wieder. Ohne den Beamten anzusehen, ging ich zur Kasse, die sich in einem halb geöffneten Durchgang befand, in dem ein leichtes Schneegestöber herrschte.

Haben Sie Kirschen? fragte mich der Kassierer, ein nördlich aussehender Mann. Nein, sagte ich, warum? Sie hätten in Kirschen bezahlen können, das wäre billiger gewesen, Sie haben ja eine Menge Übergepäck, wie ich sehe. Ich schwang meinen rechten Fuß auf die Schalterlade. Deshalb, sagte ich. Sie scherzen, sagte der Kassier, gehen Sie nochmals zum Gepäckbeamten, aber lassen Sie Ihre Socken da. Nein! rief ich sehr laut, und sofort leuchtete ein blaues Lämpchen über dem Schalter auf. 50 Dollar, sagte der Mann, und 50 Dollar Verneinungszuschlag. Ich zahlte 100 Dollar, das Lämpchen hörte auf zu leuchten, und ich wurde von einer als Eisbär verkleideten Hosteß abgeholt. Sie fliegen also nach Alaska, flüsterte mir der Eisbär ins Ohr, haben Sie gute Schuhe bei sich? Nein, sagte ich, und sah, daß dem Eisbären ein kleines Stück Darm zum Mund heraushing.

Später, während des Fluges, als wir sehr hoch über einer gebirgigen Gegend schwebten, kam der Pilot in die Kabine und fragte, ob jemand das Flugzeug kaufen wolle. Ich meldete mich sofort, fragte, was die Maschine koste, der Pilot setzte sich auf die Armlehne, die sogleich einknickte und sagte, 300 Dollar. Ha! rief ich, 200 ist das höchste, was ich zahle. Abgemacht, sagte der Pilot, und schon nahte sich die immer noch als Eisbär verkleidete Stewardeß mit einem Kaufvertrag. Ich unterschrieb, der Pilot reichte mir den rosa Durchschlag und bat mich ins Cockpit. Das ist Ihr Sitz, sagte er zu mir und wies auf den Pilotensessel, der leer war. Ich kann nicht fliegen, sagte ich, Sie müssen das tun, oder der Copilot. Der Copilot ist abgesprungen, sagte der Pilot, indem er sich eine Art Sack umschnallte und eine Schutzbrille überzog. Viel Glück, sagte er dann, öffnete eine Luke und sprang hinaus. Halt! rief ich, Sie haben meine Schuhe an, aber schon war die Luke zu, und in der Mitte des Armaturenbretts blinkte ein blaues Lämpchen unablässig. Schon gut, sagte ich, ich sage ja nichts, und das Lämpchen hörte wieder auf zu blinken.

Neben mir saß plötzlich der Eisbär. Do you come from Lucerne? fragte er mich. No, sagte ich, da begann das Lämpchen zu leuchten, und das ganze Flugzeug zitterte eigenartig. Yes, rief ich, yes, certainly I come from Lucerne, a lovely town, full of yoghurt! Der Eisbär nickte zufrieden, here is your oxygen, sagte er, reichte mir eine Maske, und plötzlich war die Luft entsetzlich dünn, wo muß ich sie einstecken, sagte ich, der Eisbär, der seine Maske schon aufhatte, zeigte auf das Stückchen Darm, das darunter hervorhing, ich steckte den Schlauch ein und atmete einen Heuduft ein, der mir starken Niesreiz verursachte. Gleichzeitig bemerkte ich ein kleines Mikrofon, von dem ich annahm, daß es mich mit einer Bodenstation verband. Hallo, sagte ich, wir stürzen ab, ich kann nichts machen. Nichts für ungut.

Dann stand ich auf, öffnete die Türe zur Kabine und wollte mich wieder auf meinen Platz setzen. Alle Passagiere standen jetzt neben ihren Sitzen und blickten mich mit weit offenen Augen an, keuchend in ihren Sauerstoffmasken. Wahrscheinlich war das Mikrofon bloß für Mitteilungen an die Reisenden bestimmt gewesen. Ich machte einen Schritt auf meinen Sitz zu, da machten alle Aufgestandenen einen Schritt auf mich zu. Tja, sagte ich, ich wollte nur fragen, hat jemand einen Schraubenzieher? Eine ältere Negerin hatte ein schwarzes Etui bei sich, sie trug es an einem Henkel und gab es mir, ich öffnete es, innen war es ganz rot ausgeschlagen und enthielt nichts außer einem Schraubenzieher mit einem gelben Griff. Danke, sagte ich, vielen Dank, und ging schnell wieder ins Cockpit zurück, ich brauchte dringend Sauerstoff, die Stewardeß hatte das Eisbärenfell ausgezogen und trug nur noch ein durchsichtiges Höschen, auf dem ein Fuß abgebildet war. Ihre

Maske war auch weg, sogleich verschwand meine Atemnot, ich legte meinen Arm um sie und wollte sie küssen, aber immer noch hing ihr dieses Stückchen Darm aus dem Munde, aus dem auch ein wärmlicher Geruch entwich. Ich kann sie ja, dachte ich, mir auf den Schoß setzen, dann brauche ich ihr Gesicht nicht zu sehen. Oh, sagte sie, als ich sie zu mir zerrte, bitte nicht vor allen Leuten. Ich drehte mich um und bemerkte, daß die Rückwand des Cockpits zersplittert war und alle Leute, immer noch stehend, auf uns starrten. Dazu braucht er einen Schraubenzieher, sagte ein Herr mit einer Brille hörbar. Bitte, sagte ich, weiß jemand, wo hier der Belichtungsmesser ist? Er kann nicht fliegen, schluchzte eine Frau in den Vierzigern, indem sie einen Kanarienvogel an ihre Wange drückte. Schade, sagte ich, wenn die Belichtung nicht stimmt, nützt der beste Ausschnitt nichts, und drückte auf einen Knopf. Ein Blitzlicht zuckte auf und alle erschraken. Das ist für die Zeitung, sagte ich, nach dem Absturz. Und jetzt setzt euch! schrie ich drohend, und Ruhe! Das ist mein Flugzeug, ich will keinen Mucks mehr hören! Dann kam eine Stimme in den Kopfhörer, der ich sofort gestand, daß ich nichts wußte, und die ich anwies, mit mir wie mit einem Kind zu sprechen. Da die Stimme der Vater eines fünfjährigen Buben war, konnte sie das, und wir landeten nach etwa dreiviertel Stunden auf einer aus Holzplanken zusammengenagelten Piste in einer Landschaft mit taubengrauen Hügeln. Ich schenkte mein Flugzeug dem fünfjährigen Buben, verlangte vergeblich meine Schuhe oder einen Ersatz dafür und hätte sehr gerne mit der Stewardeß ein Hotelzimmer genommen, aber das Stückchen Darm hielt mich doch davon ab.

Übrigens muß bei dem Foto die Belichtung wirklich falsch gewesen sein. Sie zeigte ausschließlich Leute mit Rabenköpfen.

Der türkische Traum

Ich träume viel, und ich achte auf das, was ich träume. Oft erzähle ich beim Frühstück meiner Frau, was ich geträumt habe, und sie erzählt mir, was sie geträumt hat. Manchmal haben auch die Kinder etwas geträumt. Ab und zu schreibe ich einen Traum auf, einen, der besonders rätselhaft ist, oder einen, der besonders klar ist. Den Zettel mit dem aufgeschriebenen Traum stecke ich dann in einen großen gelben Umschlag zu andern Zetteln mit anderen Träumen. Diesen Umschlag habe ich auf der äußersten Ecke meines Schreibtisches liegen. Aber es ist doch so, daß ich das, was ich träume, als Ergänzung dessen betrachte, was ich tue und erlebe, und nicht das, was ich tue und erlebe, als Ergänzung dessen, was ich träume. Ich habe also noch nie eine Reise wegen eines Traumes verschoben; es war noch nie so, daß ein Traum in mein Leben eingegriffen hätte. Deshalb war für mich auch alles so überraschend, was im Zusammenhang mit meinem türkischen Traum geschah.

Dabei war es nicht einmal ein Traum mit einer Handlung oder einer bildhaften Geschichte, sondern ich konnte mich am Morgen lediglich erinnern, daß ich von einem türkischen Terroristen geträumt hatte. Ob er mich bedrohte, oder ob wir Komplizen waren, wußte ich auch nicht mehr, hingegen wußte ich noch seinen Namen. Er hieß Araman da Silva.

Als ich, es war ungefähr vor einem Jahr, meiner Frau am Morgen diesen Traumeindruck beiläufig erzählte, horchte sie sogleich auf und wollte noch

Genaueres wissen, aber ich wußte, wie gesagt, nichts Genaueres mehr.

Etwa eine Woche später erwachte ich mitten in der Nacht und wußte, daß ich wieder von dem türkischen Terroristen geträumt hatte, aber wieder wußte ich nicht was, keine Spur eines Vorgangs oder wenigstens einer Stimmung, nur der Name ganz klar: Araman da Silva.

Als ich das am Morgen meiner Frau erzählte, fragte sie mich, was mir denn zu diesem Namen in den Sinn komme. Araman erinnerte mich an das mesopotamische Gut-und-Böse-Zwiegespann Ormuzd und Ariman, aber ich wußte nicht mehr, welcher von beiden die Verkörperung des Bösen war, wahrscheinlich Ariman. Da Silva tönte für mich portugiesisch, Silva ist Wald, der Name hieß also wohl etwa wie »Der Böse aus dem Wald«.

Meine Frau freute sich sehr über diese Deutung. Der Mann, glaubte sie, wolle mir mitteilen, daß ich meine bösen und unberechenbaren Seiten mehr pflegen solle, daß ich wieder mehr zu einem Waldmenschen werden müsse. Was das letztere betrifft, so habe ich mir schon vor ein paar Jahren aus einem solchen Gefühl heraus den Bart wachsen lassen, aber ob man mit oder ohne Bart telefoniert, macht keinen Unterschied – überhaupt nicht telefonieren sollte man, dann wäre man ein Waldmensch. Und diesen Schritt habe ich bis jetzt nicht getan, ich finde höchstens ab und zu die Kraft, ein klingelndes Telefon nicht abzunehmen.

Was aber das erste betrifft, so bin ich tatsächlich alles andere als böse, ich bin sogar von einer Art Menschenfreundlichkeit durchdrungen, die es mir zum Beispiel fast unmöglich macht, jemandem alle Schande zu sagen, ich bin immer bereit, dem andern zuzugestehen, daß er auf seine Art vielleicht auch recht hat. Dies bringt mich öfters in Situationen, wo ich mich nachher wegen meiner Freundlichkeit verfluche. Im übrigen hat das nicht zur Folge, daß ich deswegen nicht für eine Meinung oder eine Sache einstehe, ich kämpfe sogar darum, aber unter Dingen, um die man kämpfen muß, verstehe ich eher bessere Lebensbedingungen als die Höhe einer Reparaturrechnung. Und die reine Aggression, die Bosheit, ist mir so fremd, daß ich jedesmal einen vollkommen trockenen Mund bekomme, wenn sie mir begegnet – daran erkenne ich sie auch wie andere Leute den Föhn an ihren Gelenkschmerzen. Schon oft habe ich mir Maßnahmen zur Pflege des Bösen vorgenommen, z. B. jeden Tag einmal jemanden zusammenzuscheißen, gleichgültig weshalb, oder schon nur das prinzipielle Neinsagen etwas zu üben, aber irgendwie liegt es mir wirklich nicht, und man kann sich auch fragen, ob es überhaupt sinnvoll ist, Menschenfreundlichkeit zu sabotieren, nachdem sie ohnehin eher selten ist.

Kurz, es waren für mich mehr oder weniger rhetorische Forderungen oder Empfehlungen, die meine Frau im Namen Araman da Silvas an mich richtete. Es nützte deshalb auch nicht viel, als sie mir aus einem grauenhaften Fotoautomatenbildchen von mir einen Steckbrief machte: »Gesucht: DA SILVA, Araman (Anarchist). Vorsicht! da Silva ist möglicherweise gewalttätig!« und ihn an den Schlafzimmerschrank heftete. Ich wußte nicht, was diese Erscheinung mit mir zu tun haben sollte.

Auch als ich das nächste Mal von ihm träumte, konnte ich keinerlei Detail behalten, weder von seinem Aussehen noch von dem, was er tat, ich wußte nur, daß ich wieder von Araman da Silva geträumt hatte, dem türkischen Terroristen.

Ich begann mir nun zu überlegen, was eigentlich die Türkei und das Türkische für mich bedeuteten, und seltsamerweise kamen mir nur lauter weit zurückliegende Erinnerungen. Die erste war, daß mein Großvater mir einmal erzählt hatte, wie er in der Schule beim Vorlesen eines Lesebuchstückes statt »heimtückisch« »heimtürkisch« gelesen habe. Eine andere war, wie ich mit meiner Großmutter über den Friedhof von Schönenwerd ging und sie mir die Gräber zweier türkischer Brüder zeigte, die sich gegenseitig im Streit erstochen hatten, in der Wöschnau hatten sie gewohnt, sagte sie, das ist ein Weiler zwischen Schönenwerd und Aarau.

Bei meinen Großeltern in Schönenwerd war auch ein Atlas aus der Zeit vor dem Ersten Weltkrieg, den ich oft studierte, wenn ich als Bub dort in den Ferien war. Etwas, das mich besonders faszinierte, war die damalige Größe der Türkei. Die braune Farbe des osmanischen Reiches erstreckte sich von Ägypten bis weit in den Balkan hinein.

Später, mit zwölf Jahren, wurde ich schwer krank und mußte ins Zürcher Kinderspital. Dort war ich eine Weile mit einem fünfjährigen Türkenbüblein im Zimmer. Er hatte einen Tumor am Hals, ein gräßliches Gebilde, das ihm dann erfolgreich entfernt wurde. Er hieß Toni und lernte in ganz kurzer Zeit Schweizerdeutsch, und als wir beide wieder entlassen waren, schrieb ich ihm zwei-, dreimal, sein Vater sprach Französisch, meiner auch, und so mußten die Väter einander die Grüße ihrer Söhne übermitteln. Bald kam aber eine Karte, auf der ich Toni um ein paar türkische Briefmarken gebeten hatte, zurück mit einem Stempel und einer Aufschrift, die etwa »Adres kafi« hieß, aber noch aus weiteren Wörtern bestand, in der Handschrift eines türkischen Postbeamten. Mein Vater nannte mir dann einen Mann, der einmal zwei Jahre lang in der Türkei gelebt hatte. Ich ging mit der Postkarte zu diesem Mann, er war sehr alt und hatte einen langen weißen Bart und sagte, als ich ihm die Karte zeigte, es sei schon sehr lange her, daß er in der Türkei gewesen sei, was ich ihm auch sofort glaubte. Ich schickte dann die Karte der türkischen Botschaft in Bern, obwohl eigentlich längst klar war, daß es sich hier um eine ungültige Adresse handeln mußte, ein kalter Kaffee war sie, Adres kafi, aber was dahinter stand, wollte ich wissen, ob die Leute umgezogen oder verreist oder gestorben waren. Die türkische Botschaft schrieb mir einen Brief, der mit »Monsieur« begann und erklärte mir, daß es sich hier um eine ungültige Adresse handle, und da sie auf der Postkarte gelesen hätten, daß ich mich für türkische Briefmarken interessiere, legen sie mir einige bei. Aber von Toni vernahm ich nie mehr etwas, ich ging auch selbst nie in die Türkei.

Viel später, in einem Restaurant, hörte ich, wie eine Serviertochter, als ihr ein Türke Avancen machte, sagte, in der Türkei hätten alle Männer zwei Frauen, eine Vorstellung, von der sie sämtliche Beteuerungen des Türken nicht abhalten konnten.

Und nun? Was sollte ich mit diesen weit auseinanderliegenden Einzelteilen? Ich wußte nicht mehr. Ich merkte nur, daß ich wieder von Araman da Silva träumte, und zwar in derselben undeutlichen Weise, so, als ob er sich eben erst bilden würde.

Blieb mir noch als mögliches Schlüsselwort der Terrorist. Ein Terrorist verkörpert für mich die Art von kalter Aggression, bei der mir der Speichel wegbleibt. Es gibt nichts, was ich so sehr ablehne wie den Terrorismus, und nichts, was ich so sehr verstehe. Das gesammelte Unbehagen an unserer Zeit, in verzweifelte Einzelaktionen umgesetzt – ein Hauch von Respekt oder schaudernder Bewunderung bleibt, den man für jeden Kompromißlosen und Desperado hat. In meiner ersten Zürcher Wohnung ließ ich das Telefon von einem Elektrounternehmer einrichten, dessen Sohn später als Terrorist bei einem Gefecht mit der Kölner Polizei erschossen wurde.

Aber dieser Gedanke brachte mich auch nicht weiter. Nur der Traum kam in regelmäßigen Abständen wieder, ohne sich auch nur ein bißchen zu verdeutlichen. Ich muß zugeben, daß er mich beunruhigte, weil ich das Gefühl hatte, daß er mir etwas Wichtiges klarzumachen versuchte, ohne daß ich wußte, was das sein könnte.

Schließlich kam mir dann in den Sinn, daß ich einen andern Traum, nämlich den, in dem ich auftreten mußte, ohne meine Rolle zu können, gehabt hatte, lange bevor ich beruflich auftrat. Vielleicht, sagte ich mir, kann ich diesen Traum jetzt noch gar nicht erklären, und sein Sinn wird sich später von selbst ergeben.

Mit dieser Annahme hatte ich recht.

Etwa ein halbes Jahr, nachdem sich Araman da Silva bei mir angemeldet hatte, war ich für einige Zeit in Berlin und besuchte dort einen Bekannten, der in Kreuzberg wohnte. Der Bus, den ich am Kurfürstendamm bestieg, absolvierte eine jener wunderlichen Zickzackfahrten durch die Stadt, über die man sich freut, wenn man als Fremder auf dem vordersten Sitz der oberen Reihen ist, aber die einen wahrscheinlich schon bald ins Taxi treiben, wenn man hier wohnt. Nachdem er die glanzvollen Gegenden Westberlins verlassen hatte und sich das Niemandsland um die Kongreßhalle langsam in ein Garagen- und Werkstattviertel zu verwandeln begann, stieg ich bei der Haltestelle, die mir beschrieben worden war, aus. Ich ging an einer Aral-Tankstelle vorbei ein paar Schritte in der Richtung, aus der ich gekommen war, wandte mich dann nach links, und sah über der Straße eine hohe Brandmauer, an die ein bewohntes Haus unmittelbar anschloß, welches alsbald in ein Fabrik- und Lagerhallengebäude überging. Auf der Brandmauer las ich überlebensgroß das Wort Karman, mit schwarzer Farbe auf grauen Verputz geschrieben. Ich blieb eine Weile stehen und schaute es an, merkte deshalb nicht, daß mein Bekannter schon lange an einem Fenster im zweiten Stock des eingeklemmten Hauses stand und mir zuwinkte.

Erst als er mir nachher auf die Frage nach der Bedeutung der Aufschrift sagte, das müsse im Zusammenhang mit einer internen Auseinandersetzung im Türkenviertel stehen, wurde mir bewußt, daß Kreuzberg ja der türkische Stadtteil von Berlin ist. Irgendeinmal hatte ich gehört, daß er einer der größeren türkischen Städte sei, auch gemessen an der Türkei selbst, oder die größte außerhalb der Türkei, jedenfalls war ich äußerst einverstanden, als mein Bekannter vorschlug, wir könnten in ein türkisches Lokal essen gehen. Ich hatte schon daran gedacht, meines Traumes wegen einmal in die Türkei zu fahren, und war jetzt über die unerwartete Begegnung mit türkischem Leben erfreut und auch etwas aufgeregt.

Auf dem Weg ins Restaurant kamen wir nochmals an einer Mauer vorbei, auf die mit einem Spray das Wort KARMAN geschrieben war. Meinem Bekannten war das, obwohl er täglich hier vorbeiging, noch nicht aufgefallen, und er wies mich lediglich darauf hin, daß die Auseinandersetzungen zwischen progressiven und konservativen Türken auch hier im Exil mit äußerster Härte geführt würden, und erzählte mir von einem Überfall eines konservativen Schlägertrupps auf flugblattverteilende Linke, in die er hineingeraten war und bei der ein Lehrer getötet wurde. Türkische Plakate warben für türkische Unterhaltungskünstler, das einzige deutsche Wort darauf war der Ort der Veranstaltung, die Auslagen der Obst- und Gemüsehändler wurden vielfältiger und reichten immer weiter auf die Straße hinaus, je kleiner die Schaufenster der Gemischtwarenläden, desto größer war das darin zusammengequetschte Angebot, mehr Leute standen auf der Straße, einige saßen sogar auf Stühlen, die sie aufs Trottoir gestellt hatten, man sah immer mehr Frauen mit diesen eigenartigen Kopftüchern, bei denen man das Gefühl hat, sie nehmen sie auch im Schlaf nicht ab. Den Frauen, sagte mein Begleiter, ginge es hier nicht besonders gut, vor allem nicht den Mädchen, die hier deutsche Schulen besuchen, aber von ihren Eltern zusätzlich in die Koranschule geschickt werden, wo ihnen alles, was deutsch ist, als Verkörperung des Bösen dargestellt werde. Als ich fragte, ob nicht auch die Buben in die Koranschule müßten, sagte er, doch, die auch.

Ich kann mich nicht an das Gericht erinnern, das ich im Restaurant aß, die Namen kann ich mir sowieso nicht merken, da ich zur türkischen Sprache keinerlei Beziehung habe. Auch war ich sehr abgelenkt durch die Atmosphäre, die so ländlich war, daß man Mühe hatte mit dem Gedanken, in Berlin zu sein. Neben uns aß einer, ein älterer Mann, fast nur mit den Händen, aber so selbstverständlich und schön, wie es eben nur Leute können, die ein Leben lang so gegessen haben. Gegen Ende unserer Mahlzeit ließ ich meinen Blick über die Wände gleiten, den Wasserpfeifen und beschlagenen Kupfertellern nach, über eine Sammlung von alten aufgehängten Pistolen, und erstarrte. In der Ecke links gegenüber vom Eingang hing in ziemlicher Höhe eine gerahmte Fotografie meines Großvaters.

Ich sah sofort, daß eine Verwechslung ausgeschlossen war. Ich sah das nicht nur deshalb, weil ich meinen Großvater in sehr klarer Erinnerung habe, sondern weil ich dasselbe Bild auch besaß. Auf diesem Foto schaute er von links nach rechts, er hatte eine Krawatte an, es war kein Schnappschuß, sondern ein Portrait, ein Paßfoto, eigens aufgenommen jedenfalls, eines, das den Portraitierten so zeigt, daß er mit sich einverstanden sein kann. Mein Großvater war vollkommen kahlköpfig, sehr mager, in seinem Gesichtsausdruck waren Bescheidenheit und Skepsis zugleich, und er sah schon auf den früheren Fotos so aus, wie ich ihn noch gekannt hatte. Dieses Foto hier zeigte ihn um die fünfzig herum, nach seinem Tod hatte ich es von meiner Großmutter bekommen, es war eines jener Fotos, bei denen der Name des Fotografen noch als Reliefsignatur unten rechts erscheint, das Papier war auch etwas bräunlich getönt.

Mein Bekannter hatte gemerkt, daß ich auf einmal verändert war, und fragte, ob etwas sei.

»Ja«, sagte ich, »ja, es ist etwas.«

»Was denn? Was denn?«

»Kennen Sie den Besitzer des Lokals?«

»Ja«, sagte er, »der Mann, der neben der Kasse steht.«

»Kommen Sie«, sagte ich, »kommen Sie, wir zahlen.«

Wir gingen zur Kasse. Obwohl der Bekannte darauf bestand, daß ich eingeladen sei, bezahlte ich alles und fragte den Kassierer, wer der Mann auf dem Bild sei. Ich weiß nicht mehr, was für eine Antwort ich erwartet hatte, ich weiß nur, daß ich diese Antwort nicht erwartet hatte.

»Das ist mein Vater«, sagte er.

Ich hielt mich mit einer Hand an der Theke fest.

»Sind Sie sicher?« fragte ich.

»Wieso?« sagte er.

Ich schaute ihm in die Augen und war plötzlich ganz ruhig.

»Weil Sie Ihren Vater nicht gekannt haben.«

Der andere blickte mir auch in die Augen.

»Woher wissen Sie das?« fragte er. Er war erregt.

»Ich weiß es«, sagte ich, »ich weiß es ganz bestimmt. Oder ist es nicht so?«

»Bitte verlassen Sie das Restaurant.«

»Gleich, aber noch eine Frage –«

»Bitte verlassen Sie sofort das Restaurant!«

»Ist Ihr Vater –«

»Hinaus!« rief der Wirt, und aus dem Hintergrund des Lokals tauchten zwei hagere dunkle Küchenmenschen auf, auch schaute man uns bereits zu, mein Bekannter zog mich schon lang am Arm, und so ging ich schließlich, nicht ohne nochmals einen Blick auf meinen Großvater zu werfen, der plötzlich eigenartig überzeugend zwischen Wasserpfeifen, Kupfertellern und Pistolen herabschaute.

Ich war durcheinander und erzählte meinem Bekannten, warum. Natürlich fragte er gleich, ob ich mich nicht getäuscht hätte, es gibt ja auch Ähnlichkeiten, frappante Ähnlichkeiten, die erstaunlichsten Sachen. Nein, nein, ich hatte mich nicht getäuscht. Ob ich denn das auch beweisen könnte? Was heißt beweisen, ich werde ja wohl noch meinen Großvater kennen.

»Sie schon, aber die andern...«

»Ach ja, Sie haben recht. Moment mal, die Signatur!« Da war die Signatur des Fotografen, ich erinnerte mich genau, nur der Name war mir jetzt entfallen, aber ich brauchte einzig die Reliefsignatur anzuschauen und konnte mindestens schon beweisen, daß dieses Foto von einem Schönenwerder Fotografen stammte, was doch für den Vater eines türkischen Gastwirtes in Kreuzberg etwas seltsam war.

»Kommen Sie, wir gehen gleich nochmals.«

Mein Bekannter hielt es nicht für geraten, und ich mußte ihm recht geben. Bis morgen sollte ich schon warten, mein Bekannter sagte sogar, er würde dem ganzen überhaupt nicht nachgehen, es sei zu ungewöhnlich und deshalb gefährlich, aber als ich ihn fragte, ob er in einem solchen Fall nicht auch alles tun würde, um diese Umstände abzuklären, bejahte er. Er wollte mich aber begleiten, und wir machten ab, daß ich ihn am folgenden Tag kurz vor Mittag abholen würde.

Ich war äußerst ratlos und während der ganzen Busfahrt zu keinem deutlichen Gedanken fähig. Erst als ich im Zimmer der Hotelpension saß, die ich bewohnte, beruhigte ich mich wieder ein bißchen. War es möglich, daß mein Großvater irgend etwas mit diesem türkischen Wirt zu tun hatte? Wenn es so wäre, wie der Wirt gesagt hatte, dann müßte mein Großvater zum Beispiel einen außerehelichen Sohn mit einer Türkin gehabt haben, von welcher nie jemand etwas erfahren hätte. Nun war er zwar als Werkmeister in der Bandfabrik dauernd von jungen Arbeiterinnen umgeben, meistens Italienerinnen, denen er früher italienische Briefmarken für meine Sammlung abgewann, aber erstens gab es türkische Fremdarbeiterinnen zu dieser Zeit noch nicht, und zweitens war mein Großvater nicht der Mann für so etwas, es wäre auch bei den bescheidenen Verhältnissen, in denen er leben mußte, kaum zu vertuschen gewesen, kurz, es kam in meinen Augen überhaupt nicht in Frage.

Aber was dann?

Wieso hing ein Bild meines Großvaters, der zeit seines Lebens nie aus der Schweiz herausgekommen war und kein Wort einer fremden Sprache konnte, in einem türkischen Restaurant in Berlin, im Restaurant eines Gastwirts, von dem er, um die Unwahrscheinlichkeit voll zu machen, auch noch der Vater sein sollte?

Ich fand keine Erklärung und wartete ungeduldig auf den nächsten Tag, ich schlief schlecht und traumlos.

Als ich am folgenden Vormittag zur abgemachten Zeit meinen Bekannten abholen wollte, erwartete mich eine Überraschung. Die Türe zu seiner Wohnung stand zwar offen, er selbst aber war nicht da. Ich trat ein, setzte mich und wartete eine Weile, in der Annahme, er sei kurz weggegangen, für Zigaretten oder so etwas. Als er aber nach einer halben Stunde noch nicht da war, überlegte ich, ob wir uns nicht etwa im türkischen Lokal selbst verabredet hatten, was mir zwar eigenartig vorkam, doch in Anbetracht meiner gestrigen Aufregung war es wohl möglich, daß wir uns falsch verstanden hatten. Ich ging also hinunter auf die Straße und schlug den Weg zum Restaurant ein, auf den ich allerdings am Tag vorher nicht genau geachtet hatte.

Mein Blick fiel auf die große Mauer neben dem Haus meines Bekannten, auf der immer noch in schwarzer Farbe die Inschrift ARMAN zu lesen war. Als ich die ersten Schritte gegangen war, drehte ich mich nochmals um. Stimmte die Inschrift? War es noch dieselbe wie gestern? Hatte es gestern nicht anders geheißen? Als ich näherkam, sah ich, daß mein Zweifel richtig war. KARMAN hatte es gestern noch geheißen, aber inzwischen hatte jemand mit weißer Farbe den ersten Buchstaben übertüncht. Was oder wer mochte ARMAN sein? Der Name kam mir merkwürdig bekannt vor. Plötzlich war mir klar, daß da weiter nichts als ein A fehlte. Ich war meinem Traum auf der Spur.

Gar nicht ruhig näherte ich mich dem Restaurant, und ich sah schon von weitem, daß es geschlossen war. Vor dem Eingang blieb ich stehen, tatsächlich hing ein Zettel an der Türe, der auf türkisch etwas mitteilte, sicher die Schließung des Lokals, und als die Fenster auch keinen Blick auf die bewußte Wand freigaben, weil sie ganz mit Vorhängen abgedeckt waren, wußte ich einen Augenblick lang nicht, was tun. Da trat ein kleiner Türkenjunge auf mich zu und winkte mir mit der Hand, ich solle ihm folgen. Ich dachte zuerst, damit könne ich nicht gemeint sein, drehte mich langsam um und ging wieder in der Richtung, aus der ich gekommen war. Aber der Türkenjunge war sofort wieder bei mir, zupfte mich am Ärmel und winkte wieder mit der Hand. Jetzt ging ich mit ihm. Etwa drei oder vier Häuser weiter bog der Kleine in einen Durchgang, der in einen Hof führte, er überquerte den Hof und ging durch einen zweiten Eingang, der in einen zweiten Hof führte, und an der einen Mauer dieses zweiten Hofes standen drei hohe, überfüllte Abfallkübel, und an einem dieser Abfallkübel lehnte, am Boden sitzend, mein Bekannter und hielt sich stöhnend die Hand vor die Stirn. »Um Gottes willen!« rief ich, »was ist passiert?« Mein Bekannter sagte nichts, hielt mir nur die Hand hin, an der ich ihn packte und aufzog, ich schob ihm meinen Arm unter, und so rasch es ging, verließen wir den Hof. Der Türkenjunge war verschwunden.

Ich hielt ein Taxi an und brachte meinen Bekannten zu sich nach Hause. Dort erzählte er mir, was geschehen war. Kurz vor der Zeit, zu der wir abgemacht hatten, läutete es an seiner Türe, und als er, in der Meinung, ich sei es, öffnete, standen drei Türken da, die ihn zum Mitkommen zwangen. Bevor sie unten auf die Straße traten, kriegte er einen Schlag auf den Kopf und ein betäubendes Tuch vor das Gesicht, und als er erwachte, lag er dort, wo ich ihn gefunden hatte. »Aber was soll das? Wissen Sie, was das soll?« fragte ich.

»Ja«, sagte er. »Das ist eine Warnung.«

Mir tat es außerordentlich leid, daß mein Bekannter derart in eine Sache hineingezogen wurde, die nur mich angehen konnte und von der ich überhaupt nicht verstand, weshalb sie von einer solchen Bedeutung sein sollte. Es ging doch eigentlich nur darum, eine Verwechslung aufzuklären, die mit einer Fotografie passiert sein mußte. Ich hatte nun aber eingesehen, daß es offenbar gefährlich war, und zwar nicht nur für mich, wenn ich dieser Verwechslung weiter nachging, und so versprach ich meinem Bekannten, keine weiteren Nachforschungen mehr zu machen und das Türkenviertel während meines jetzigen Aufenthalts nicht mehr zu betreten. Wie sehr mich die Sache berühren mochte, und das tat sie – ich wollte sie nicht mehr als meine Angelegenheit betrachten.

Dazu war es aber zu spät.

Als ich an der Bushaltestelle wartete, fielen mir zwei junge Türken auf, die auch warteten, und als ich in den Bus stieg, stiegen sie auch in den Bus, und als ich mich in die Nähe des Fahrers setzte, setzten sie sich in die Nähe der Türe, und als ich plötzlich ausstieg und ein Taxi nahm, stiegen sie auch aus und nahmen ein Taxi, da ich aber ziemlichen Vorsprung hatte, konnte mir, wie ich bemerkte, ihr Taxi nicht folgen und blieb bei einer Kreuzung, die wir bei Gelb noch überfuhren, stecken. Erst als ich später von meinem Zimmer aus auf die Straße hinuntersah, standen sie beide unten und rauchten.

Ich rief meinen Bekannten an und schilderte ihm die Lage, fragte ihn auch, ob ich die Polizei benachrichtigen solle, was er mir nicht empfahl, wenigstens nicht sofort. Auch er hatte, aus Angst vor späteren Racheakten, keine Anzeige wegen des Überfalls auf ihn gemacht. »Sie können ja nicht dauernd mit einem Polizisten am Arm herumlaufen«, sagte er. Gewiß, da hatte er schon recht, aber gerade jetzt hätte ich doch ganz gern einen am Arm gehabt. Die beiden standen immer noch unten, in der Nähe des Hauseingangs, und sprachen miteinander.

Plötzlich kam mir der Name des Schönenwerder Fotografen in den Sinn. Schätzle hieß er, Foto-Schätzle, und nach einem Gespräch mit der internationalen Auskunft und der Gemeindeverwaltung Schönenwerd telefonierte ich mit dem Altersheim, in welchem die Witwe des Fotografen lebte. Ja, sagte sie, nachdem ich mich mit meiner Frage als Enkel meines Großvaters vorgestellt hatte, an die beiden Türken aus der Wöschnau könne sie sich gut erinnern. Sie hätten sich einmal fotografieren lassen wollen und hätten einen Nachmittag lang sämtliche Fotoalben mit den Musterbildern durchgeschaut. Ob nicht etwa eines dieser Alben nachher gefehlt habe? fragte ich vorsichtig. Ja präzis, sagte sie, woher ich das wisse, sie hätten aber damals keine Anzeige erstattet, denn ein bißchen gfürchig seien die Türken halt schon gewesen, ja ob ich denn das Album gefunden hätte oder was? Ein Bild bloß, sagte ich und versprach ihr, sie zu besuchen, wenn ich zurückkäme, und ihr alles zu erzählen.

Nachdenklich trat ich wieder ans Fenster und wurde Zeuge einer seltsamen Szene. Hinter die beiden wartenden Türken stellten sich plötzlich zwei weitere Türken, sprachen sie an, die beiden erschraken, schauten die neuen an, und man sah von oben, daß sie unter ihren Regenmänteln Pistolen auf die Wartenden gerichtet hatten. Ohne Widerrede gingen die zwei, die bisher gewartet hatten, zu ihrem Auto, stiegen hinein und fuhren davon, und die beiden neuen in den Regenmänteln stellten sich dorthin, wo die andern gestanden hatten, mit Blick auf den Eingang der Hotelpension.

Ich stand hinter dem Vorhang meines Zimmers im

vierten Stock des Hauses und konnte mich kaum bewegen vor Schreck, mein Mund war vollkommen ausgetrocknet. Dann entschloß ich mich zur Flucht. Ich versorgte meine Wäsche und meine paar herumliegenden Dinge in den Koffer, ließ ihn im Zimmer stehen und ging, nur mit dem Flugschein, dem Paß und dem Portemonnaie bei mir, vorsichtig zur Türe der Hotelpension hinaus, stieg die Treppen hinunter und verließ das Gebäude durch den Hintereingang, der in den Hof führte. Dort erhielt ich einen Schlag auf den Kopf und verlor das Bewußtsein.

Als ich wieder zu mir kam, lag ich auf einem Feldbett in einem schäbigen Raum, dessen eines Fenster mit dem Laden verschlossen war, das Licht kam von einer Glühbirne, die an einem Kabel von der hohen Decke herunterhing. Um mich herum saßen ein paar Türken, auf Kissen oder Matten, einer davon hielt mir ein Glas Wasser hin, das ich zuerst nicht nehmen wollte, aber mein Durst war zu groß, also trank ich es auch. Als ich mich dazu etwas aufrichtete, merkte ich, daß mir der Kopf weh tat.

»Sie dürfen Berlin nicht verlassen«, sagte mir der Türke, der mir das Glas gegeben hatte.

»Warum nicht?« fragte ich, »was ist überhaupt los?«

»Sie müssen uns helfen gegen Arman und seine Leute.«

»Ich kann nichts helfen. Ich weiß nichts von Arman.«

»Doch, doch, Sie wissen etwas von Arman. Sie waren in einem Arman-Restaurant, man hat Sie hinausgeschickt, weil Sie gefragt haben nach dem Bild von Arman.«

»Ich weiß nichts.«

»Sie müssen aufpassen. Die Arman sind sehr gefährlich.«

»Sie auch. Wer sind Sie?«

»Wir gehören zu Karman. Armans Gegner.«

»Ich gehöre zu niemandem. Das geht mich nichts an.«

»Doch. Sie müssen sagen, was Sie über Arman wissen. Sie wissen etwas, das ihn schwach macht. Sagen Sie es.«

Ich wußte nicht, was tun. Schließlich stellte ich eine Gegenfrage.

»Wieso haben Sie dann meinen Freund überfallen?«

»Das war Arman.«

Ich verstand noch weniger.

»Arman jagt Sie auch. Er will, daß Sie weggehen. Wenn er Sie erwischt, bringt er Sie um.«

Jetzt verstand ich plötzlich die Szene auf dem Kurfürstendamm, vor meiner Hotelpension, aber das verbesserte meine Situation nicht. Ich stöhnte. Mein Kopf schmerzte auf einmal entsetzlich, und ich hatte Angst.

Der Türke schüttete nochmals ein Glas Wasser aus einer Karaffe ein und reichte es mir.

»Ich muß nachdenken«, sagte ich, als ich ihm das Glas zurückgab.

Der Türke war nicht unfreundlich.

»Gut«, sagte er, »denken Sie nach. Aber nicht zu lange.«

Ich schloß die Augen und versuchte nachzudenken, aber es gelang mir nicht. In was war ich da hineingeraten? Hatte denn das Foto meines Großvaters eine solche Bedeutung? Das war doch alles nicht möglich. Ich begann zu dösen, und einmal öffnete ich meine Augen einen Spalt weit und bemerkte, daß nur noch mein

Betreuer mit der Wasserkaraffe und dem Glas im Zimmer saß, ein langer, schmaler Mann mit einem Schnurrbärtchen und einem Turban, der auf mich je länger desto menschlicher wirkte. Ich beschloß, mich ihm anzuvertrauen, um so mehr, als ich wohl von der andern Seite doch mehr zu befürchten hatte.

Dazu kam es aber nicht mehr.

Vier Männer sprangen in den Raum, schlugen meinen Betreuer nieder, zwei packten mich unter den Armen, rissen mich hoch, der dritte stellte sich vor mich, der vierte hinter mich, und so stürmten sie wieder aus dem Raum, indem sie mich mitzerrten, und mir blieb nichts anderes übrig als mitzurennen. Wir überquerten einen Hinterhof, wo zwei Gestalten am Boden lagen, die offenbar zu meinen Bewachern gehörten, kamen dann in den Hofeingang, der zur Straße führte, dort ließen mich die zwei los, sagten »Aufpassen, nichts tun, mitkommen!«, und dann gingen wir ruhig zu einem dastehenden Auto, ich stieg hinten ein, zwei mit mir, die andern setzten sich nach vorn, und mit großer Geschwindigkeit fuhr der Wagen los. Kaum waren wir unterwegs, banden mir meine zwei Begleiter ein Tuch um die Augen.

Plötzlich war meine ganze Angst weg. Obwohl ich wußte, daß mir von Armans Leuten Schlimmeres drohte als von denjenigen Karmans. Aber einerseits hatte ich wohl schon soviel Schrecken ausgestanden, daß er sich nicht mehr steigern konnte, und andererseits fühlte ich mich jetzt der Lösung des Rätsels näher.

Zur Erleichterung bestand allerdings kein Grund. Nachdem der Wagen längere Zeit langsam über einen holprigen Weg gefahren war, hielt er an, ich mußte aussteigen, und ich merkte am Geruch und am Boden, daß ich mich in einem Wald befand, wahrscheinlich irgendwo im Grunewald, dachte ich und erinnerte mich der Abrechnung, die hier einmal unter Terroristen stattgefunden hatte, ich glaube, sie hatten einen exekutiert, der sie verlassen wollte. Ein paar Schritte, zu denen man mich am Arm nahm, dann ging eine Türe auf, und ich betrat einen Raum, in dem es nach Wachskerzen und Räucherstäbchen roch. Hier wurde mir die Binde abgenommen.

Als ich mich an das Licht gewöhnt hatte, sah ich vor mir an der Wand des Raumes sechs Männer auf Kissen am Boden sitzen, alle europäisch gekleidet. Jeder der sechs hielt eine große Kerze in der Hand, und im Lichte dieser sechs Kerzen sah ich, auf der mit braunen Tüchern ausgeschlagenen Rückwand der Blockhütte, über zwei blitzblank gekreuzten Türkensäbeln das Bild meines Großvaters. Im Mann, der jetzt zu sprechen begann, erkannte ich sogleich den Gastwirt des Restaurants.

»Was weißt du über meinen Vater?« fragte er mich.

Ich überlegte mir einen Augenblick, ob es für mich irgendeine Ausflucht gab, ein Entkommen, ein Verleugnen, und dachte dann, die einzige Chance ist die Wahrheit.

»Er kann nicht dein Vater sein«, sagte ich.

»Warum?« fragte der Wirt.

»Er ist mein Großvater.«

Der Gastwirt sagte ein türkisches Wort, eine Bewegung kam in die Männer unter dem Bild, sie setzte sich fort, und erst jetzt sah ich, daß außer den vieren, die mich hergebracht hatten, noch weitere Leute im Raum waren, hinter meinem Rücken vor allem.

»Das ist eine Lüge«, sagte der Gastwirt scharf.

»Ich verwechsle meinen Großvater nicht. Das Bild kommt aus der Schweiz, schaut euch die Unterschrift des Fotografen an, unten rechts, Schätzle, Schönenwerd, ist das etwa ein türkisches Geschäft?«

Die Signatur des Fotografen war zum Glück auch auf der Reproduktion deutlich lesbar, und die Nennung des Namens Schönenwerd löste sichtlich Betroffenheit aus. Der Gastwirt übersetzte hastig, was ich sagte.

»Dieses Bild«, fuhr ich fort, »haben zwei Türken, die in Schönenwerd wohnten, vor dreißig oder vierzig Jahren beim Fotografen gestohlen. Die beiden haben sich später gegenseitig im Streit umgebracht. Es waren Brüder. Wenn du der Sohn des einen bist, dann haben sie dir ein falsches Bild von deinem Vater geschickt.«

Jetzt besprachen sich die sechs. Dann hob der Gastwirt seinen Kopf und sagte zu mir: »Du bist verurteilt zum Tode wegen Verrats.«

Als die zwei äußersten der Reihe jetzt aufstanden und die Krummsäbel unter dem Bild meines Großvaters in die Hand nahmen, stand mir fast das Herz still.

»Aber warum?« rief ich, »warum? Ich sagte nur die Wahrheit.«

»Frage Arman, unsern Führer«, sagte der Wirt und erhob sich, zusammen mit den andern, die noch saßen.

Eine Seitentüre ging auf, und ein etwas fetter, jüngerer Mann kam herein, vor dem sich alle verneigten. Auch er trug einen gewöhnlichen Anzug von brauner Farbe. Er sprach akzentfrei Deutsch.

»Du bist verurteilt«, sagte er, »höre warum. Wir Türken waren früher weltbeherrschend, das osmanische Reich erstreckte sich über große Teile Asiens, Europas und Afrikas.«

Ich nickte; der Schönenwerder Atlas stieg deutlich in mir hoch.

»Nach dem Weltkrieg hat sich das geändert. Wir wurden gedemütigt. Dann wurde Arman, sein Vater« – er wies auf den Gastwirt –, »erleuchtet. Er gründete einen Bund zur Weltherrschaft der Türken. Er selbst mußte nach Europa gehen und dort sterben, um möglichst viele von uns nachzuziehen. Das ist ihm gelungen. Berlin ist nur ein Anfang.«

»Und das Bild?« fragte ich, »das Bild meines Großvaters?«

»Arman war erhaben und erleuchtet. Er mußte einen Europäer suchen, in dessen Körper seine Seele weiterleben wollte. Das war der Körper, den er sich erwählte.«

»Mein Großvater«, sagte ich.

»Arman«, sagte der neue Arman und schaute mir in die Augen.

Ich hielt seinem Blick stand und hatte plötzlich eine sonderbare Ahnung.

»Bitte«, sagte ich zu ihm, »zeig mir deinen Hals.«

Der junge Arman zögerte einen Augenblick.

»Meinetwegen«, sagte er, »dein letzter Wunsch.«

Er öffnete seinen Kragen, und ich sah gleich die Narbe an der linken Seite.

»Toni!« rief ich, »Toni! Du warst in Zürich im Krankenhaus. Erinnerst du dich noch?«

Der junge Arman sah mich lange an und lächelte.

»Ich wußte, daß du eines Tages kommen würdest. Der Geist von Arman hat uns lange schon zusammengefügt. Als ich mit dir in Zürich im Spital war, vor fünfundzwanzig Jahren, hat dich dein Großvater einmal besucht, und mein Vater, der mich besuchte, hat ihn gesehen und erkannt. Deshalb ist mein Vater Arman geworden – der Führer heißt bei uns immer Arman – und nach dem Tode meines Vaters ich.«

Ich war erleichtert, unglaublich erleichtert.

»Toni«, sagte ich, »dann laßt ihr mich jetzt gehen?«

»Ja«, sagte er, »wenn du den Eid auf unsern Bund ablegst.«

Ich erschrak. »Ich kann doch nicht ... Ich bin doch nicht ...«

»Sonst«, sagte Toni kalt, »sonst müssen wir dich töten.«

Die Entscheidung wurde mir durch Karmans Leute abgenommen. Sie stürmten im selben Augenblick den Raum und schossen mit Maschinenpistolen um sich, Armans Leute sprangen auf, die nicht getroffenen, schossen aus Pistolen zurück oder wehrten sich mit Stellmessern, es entstand ein unmenschliches Durcheinander, ich rannte in eine Ecke des Raumes und duckte mich. Da sah ich, wie einer, der verwundet am Boden lag, zur Wand kroch und versuchte, mit einer Kerze das Bild meines Großvaters, das also auch dasjenige des großen türkischen Welteroberers Arman war, in Brand zu stecken. Ich warf mich auf ihn, entriß ihm die Kerze und schlug auf ihn ein, bis er sich nicht mehr rührte. Als ich von ihm abließ, war der Überfall beendet. Von Karmans Leuten lagen drei tot am Boden, von Armans Leuten fünf, und viele bluteten und stöhnten.

Jetzt kam Toni, der am linken Arm verletzt war, auf mich zu, legte den rechten Arm um meine Schulter und sagte: »Willkommen. Nun gehörst du zu uns.«

»Ja«, sagte ich, »ja, nun gehöre ich zu euch.«

Ich hängte das Bild meines Großvaters ab, nahm es unter den Arm, trat aus der Hütte in den Wald hinaus und erwachte.

Franz Hohler im dtv

»Ich möchte ein Zeitgenosse sein, der dasselbe Augen- und Ohrenpaar zur Verfügung hat wie alle, die gerade leben, der aber vielleicht ausspricht, was andere nur denken. Einer, der auch Unbehagen artikuliert.«

Der neue Berg
Roman · dtv 11833

In Zürich bebt die Erde. Eigentlich ganz harmlos. Nun ja, einige Risse zeigen sich am Hügel über dem Keltengrab. Auch als die Erdkruste weiter auseinander bricht, sind die Fortschrittshörigen nicht sehr beunruhigt ... »Hier wird das Befremdliche im Allzubekannten sichtbar, die Absurdität einer Zivilisation, gegen die sich der Angriff aus den Tiefen richtet.« (Neue Zürcher Zeitung)

Die Rückeroberung
Erzählungen · dtv 12008

Die blaue Amsel
dtv 12558

Franz Hohlers Geschichten sind Erkundungsreisen. Im vermeintlich grauen Alltag entdeckt er die kleinen Wunder und unerwarteten Abgründe. Mal ernsthaft, mal mit dem Augenzwinkern, das er auch als Kabarettist so glänzend beherrscht. »Er demonstriert eindrucksvoll, wie kongenial die (wenigstens!) zwei Seelen in der Brust eines derart doppelt kreativen Sprachprofis einander zum Vergnügen des Lesers inspirieren können.« (Tages-Anzeiger)

Die Steinflut
Eine Novelle · dtv 12735

»Auf einzigartig sensible Weise versetzt sich Hohler in die Seele eines siebenjährigen Mädchens.« (Stuttgarter Zeitung)

Eveline Hasler im dtv

»Eveline Haslers Figuren sind so prall voll Leben, so anschaulich und differenziert gezeichnet, als handle es sich samt und sonders um gute Bekannte.«
Klara Obermüller

Anna Göldin
Letzte Hexe
Roman · dtv 10457
Die erschütternde Geschichte des letzten Hexenprozesses in Europa im Jahre 1782.

Ibicaba
Das Paradies in den Köpfen
Roman · dtv 10891
Hunger und Elend führen im 19. Jahrhundert in der Schweiz zu einer riesigen Auswanderungswelle ins »gelobte Land« Brasilien. Doch das vermeintliche Paradies entpuppt sich für die meisten als finstere Hölle.

Der Riese im Baum
Roman · dtv 11555
Die Geschichte Melchior Thuts (1736 –1784), des *größten* Schweizers aller Zeiten.

Die Wachsflügelfrau
Roman · dtv 12087
Das Leben der Emily Kempin-Spyri, der ersten Juristin im deutschsprachigen Raum, und ihr einzigartiger Aufstieg als Kämpferin für die Frauenrechte in der Schweiz und in New York.

Der Zeitreisende
Die Visionen des Henry Dunant
Roman · dtv 12556
Er widmete sein Leben der Überwindung von Gewalt und Krieg: der Begründer des Roten Kreuzes.

Der Jubiläums-Apfel und andere Notizen vom Tage
dtv 12557
Glossen aus Eveline Haslers Schriftstellerwerkstatt in der italienischen Schweiz.

Novemberinsel
Erzählung
dtv 12707 und
dtv großdruck 25138
Eine junge Frau zieht sich mit ihrem jüngsten Kind auf eine Mittelmeerinsel zurück in der Hoffnung, aus einer psychischen Krise herauszufinden.

Marie Luise Kaschnitz im dtv

»Was immer sie schrieb – ob Lyrik oder Prosa, ob Erinnerungen oder Tagebücher –, es zeichnet sich durch kammermusikalische Intimität aus. Sie war eine leise Autorin. Gleichwohl ging von ihren besten Büchern eine geradezu alarmierende Wirkung aus.«

Marcel Reich-Ranicki

Lange Schatten
Erzählungen · dtv 11941

Wohin denn ich
Aufzeichnungen
dtv 11947

Überallnie
Gedichte · dtv 12015

Das Haus der Kindheit
dtv 12021
Eine faszinierende Reise in die Kindheit. »Eine unheimliche Erzählung, eine Fabel nach der Tradition bester Spukgeschichten, spannend und schön erzählt, und auch an Kafka mag man denken, bei aller Existenzangst und allen Daseinszweifeln unserer Gegenwart.« (Wolfgang Koeppen)

Engelsbrücke
Römische Betrachtungen
dtv 12116
»Das Rom-Buch inspiziert eine Stadt unter dem Deckmantel der Verschwiegenheit ... Die scheinbar lose zusammengesetzten Prosastücke bilden ein Mosaik der Selbstbefragung.« (Hanns-Josef Ortheil)

Griechische Mythen
dtv 12780
Bekannte und weniger bekannte Mythen hat Marie Luise Kaschnitz in diesen sehr persönlich gefärbten Nacherzählungen dargestellt.

Der alte Garten
Ein Märchen
dtv 12781
Mitten in einer großen Stadt liegt ein verwilderter Garten, den zwei Kinder voll Neugier und Abenteuerlust für ihre Spiele erobern. Aber die Natur wehrt sich gegen die ungestümen Eindringlinge ... Ein literarisches Gleichnis für den sorglosen Umgang mit unserer Welt.

Markus Werner im dtv

»Eines der eigenwilligsten Erzähltalente der deutschen Gegenwartsliteratur.«
Der Spiegel

Zündels Abgang
Roman · dtv 10917

Das Ehepaar Zündel hat sich entschlossen, den Urlaub getrennt zu verbringen. Als Konrad heimkehrt, bereitet ihm Magda einen für seinen Geschmack allzu reservierten Empfang. Zündel plant seinen Abgang.

Froschnacht
Roman · dtv 11250

Franz Thalmann ist Pfarrer, Ehemann und Familienvater, bis eines Tages sein Reißverschluß klemmt… »Ein heimlicher Zeitroman, der Dinge und Geschehnisse benennt, die nur scheinbar weit weg von uns sind… Den Schuß ins Herz spürt man erst später.« (Frankfurter Rundschau)

Die kalte Schulter
Roman · dtv 11672

Bis bald
Roman · dtv 12112

Festland
Roman · dtv 12529

Sie leben beide in Zürich, doch sie kennen sich kaum. Erst als sie sich an einem Wendepunkt befinden, kommen der Vater und seine nichteheliche Tochter ins Gespräch. »Was mich berührt hat: der wunderbare Ton dieses Buches.« (Marcel Reich-Ranicki)

dtv

Martin R. Dean im dtv

»Martin R. Dean ist fast ein Einzelfall in der jungen deutschen Gegenwartsliteratur, seine Geschichten zeugen von einer ungewöhnlichen Bildphantasie und vertrackten Fabulierkunst.«
Frankfurter Allgemeine Zeitung

Die verborgenen Gärten
Roman · dtv 6359

Manuel, ein junger Mann ohne Arbeit, wird von einem exzentrischen Millionär als Hüter seiner abgelegenen, ziemlich verwahrlosten Villa in der Provence engagiert... Der Roman ist eine Parabel auf den Umgang des Menschen mit der Natur, eine Satire auf den Junggesellenmythos und vor allem eine raffinierte psychologische Kriminalgeschichte.

Die gefiederte Frau
Fünf Variationen über die Liebe
dtv 10758

Der Mann ohne Licht
Roman · dtv 12139

»Dean gelingt das Kunststück, etwas von der Problematik des Edison-Mythos sichtbar zu machen.« (Die Zeit)

Der Guayanaknoten
Roman · dtv 12304

Geschichten, überall Geschichten! Jeder Knoten hat eine Geschichte und alle sind sie an die Biographie des Erzählers geknüpft. Durch seine Erfahrungen in helvetischer, fremdenfeindlicher Enge von der Sehnsucht nach Weite, nach Welt getrieben, erzählt sich dieser so über alle Schweizer Berge hinweg, ja, bis nach Trinidad. »Die Sprache triumphiert.« (Frankfurter Allgemeine Zeitung)